Tutorien und Seminare vorbereiten und moderieren

AF172838

Steffen Hillebrecht • Johann Grillenbeck

Tutorien und Seminare vorbereiten und moderieren

Eine Trickkiste für Tutoren und wissenschaftliche Mitarbeiter

2., überarbeitete und erweiterte Auflage

 Springer Gabler

Steffen Hillebrecht
Medienmanagement
TH Würzburg-Schweinfurt
Würzburg, Deutschland

Johann Grillenbeck
JG Film Music
Würzburg, Deutschland

ISBN 978-3-658-46270-3 ISBN 978-3-658-46271-0 (eBook)
https://doi.org/10.1007/978-3-658-46271-0

Die Deutsche Nationalbibliothek verzeichnet diese Publikation in der Deutschen Nationalbibliografie; detaillierte bibliografische Daten sind im Internet über https://portal.dnb.de abrufbar.

© Der/die Herausgeber bzw. der/die Autor(en), exklusiv lizenziert an Springer Fachmedien Wiesbaden GmbH, ein Teil von Springer Nature 2016, 2025

Das Werk einschließlich aller seiner Teile ist urheberrechtlich geschützt. Jede Verwertung, die nicht ausdrücklich vom Urheberrechtsgesetz zugelassen ist, bedarf der vorherigen Zustimmung des Verlags. Das gilt insbesondere für Vervielfältigungen, Bearbeitungen, Übersetzungen, Mikroverfilmungen und die Einspeicherung und Verarbeitung in elektronischen Systemen.
Die Wiedergabe von allgemein beschreibenden Bezeichnungen, Marken, Unternehmensnamen etc. in diesem Werk bedeutet nicht, dass diese frei durch jede Person benutzt werden dürfen. Die Berechtigung zur Benutzung unterliegt, auch ohne gesonderten Hinweis hierzu, den Regeln des Markenrechts. Die Rechte des/der jeweiligen Zeicheninhaber*in sind zu beachten.
Der Verlag, die Autor*innen und die Herausgeber*innen gehen davon aus, dass die Angaben und Informationen in diesem Werk zum Zeitpunkt der Veröffentlichung vollständig und korrekt sind. Weder der Verlag noch die Autor*innen oder die Herausgeber*innen übernehmen, ausdrücklich oder implizit, Gewähr für den Inhalt des Werkes, etwaige Fehler oder Äußerungen. Der Verlag bleibt im Hinblick auf geografische Zuordnungen und Gebietsbezeichnungen in veröffentlichten Karten und Institutionsadressen neutral.

Planung/Lektorat: Mareike Teichmann
Springer Gabler ist ein Imprint der eingetragenen Gesellschaft Springer Fachmedien Wiesbaden GmbH und ist ein Teil von Springer Nature.
Die Anschrift der Gesellschaft ist: Abraham-Lincoln-Str. 46, 65189 Wiesbaden, Germany

Wenn Sie dieses Produkt entsorgen, geben Sie das Papier bitte zum Recycling.

Inhaltsverzeichnis

Abbildungsverzeichnis

Tabellenverzeichnis

1

Eine kurze Einführung in das Thema Präsentation und Lehre

Das Ziel dieser Lehreinheit ist eine kurz gefasste Einführung in die Technik der zielgruppenorientierten Präsentation und Lehrgestaltung. Im Studium wird man dies z. B. in Seminaren und Projektlehrveranstaltungen regelmäßig erleben. Im späteren Arbeitsleben kann man Arbeitsbesprechungen, Projektarbeiten oder auch die Präsentation vor Medienvertretern (z. B. Pressekonferenzen) damit gestalten. Nebenbei bemerkt: Wer die Chancen im Studium zielgerichtet nutzt, wird später in der beruflichen Praxis entscheidende Vorteile besitzen, um seine Ideen durchzusetzen. Und so manche Studentin, so mancher Student hat als Tutorin bzw. als Tutor ihr oder sein Interesse an einer Lehrtätigkeit entdeckt.

Wir geben eine Hilfestellung, wie man in entsprechenden Situationen die eigene Kompetenz als sachkundiger Referent bzw. als souveräne Gestalterin von Arbeitsprozessen in Gruppen zeigt.

Für die Darstellung gilt als grundlegende Begrifflichkeiten:

* Die *Präsentation* ist eine Arbeitsform, bei der eine oder mehrere Personen einen Inhalt vorstellen und diesen ihrem Publikum effektiv vermitteln wollen. Der Fokus liegt auf einem bestimmten inhaltlichen

© Der/die Autor(en), exklusiv lizenziert an Springer Fachmedien Wiesbaden GmbH, ein Teil von Springer Nature 2025
S. Hillebrecht, J. Grillenbeck, *Tutorien und Seminare vorbereiten und moderieren*, https://doi.org/10.1007/978-3-658-46271-0_1

Ziel (z. B. ein bestimmtes Wissen oder Können), entsprechend werden Noten an der Hochschule für bestimmte Vorgehensweisen in der Inhaltsvermittlung, die Plausibilität der Darlegungsform und das erzielte Ergebnis vergeben.

- **Schulungen und Seminare** sowie *Tutorien* sind komplexe Arbeitsformen, in der eine Verbindung aus Präsentation, Moderation und Besprechung mit wechselnden Anteilen vorkommt. Schulungen sind dabei stärker auf praktische Tätigkeiten (z. B. Anwendungen am Computer, Übungen in Laboren, Tutorien zur Vertiefung von Vorlesungsstoff) ausgerichtet, Seminare stärker auf theoretische Diskussion und Vertiefung. Die Teilnehmenden haben je nach zugewiesenen Rollen die Aufgabe, Inhalte zu präsentieren oder durch Diskussion und weitere Bearbeitungsformen weiterzuentwickeln sowie in den eigenen Arbeits- bzw. Ausbildungsbereich zu integrieren. Im Hochschulkontext können Schulungen und Seminare v. a. als Tutorien, Übungen und ggf. auch – für wissenschaftliche Mitarbeiter – als Proseminare vorkommen.

Es kommt also bei der Klärung des Arbeitsauftrags darauf, welchen Umfang die Präsentation hat (einmalig über wenige Minuten oder maximal 1 h, oder auch ausführlicher über ein ganzes Semester) und in welcher Form man damit Lernprozesse auslösen und begleiten soll. Damit ist immer auch eine klare Rollenzuweisung verbunden. *Rolle* ist ein soziologisches Konstrukt, ein Bündel an Erwartungen an die Person, die diese Rolle ausübt und diesen Erwartungen mehr oder weniger gerecht wird. Bei einer Präsentation erwarten die Teilnehmenden:

- Eine inhaltlich richtige und verlässliche Darstellung, die wichtige Punkte aufzeigt und Impulse für die eigene weitere Arbeit (z. B. Weiterdenken an bestimmten Stellen, Gewinnen neuer Erkenntnisse, etc.) bietet.
- Eine sachgerechte Darstellungsform, also eine Vorgehensweise und eine verbale und ggf. auch medienunterstützte Darstellung, die den Inhalt leicht fassbar und eingängig macht.
- Damit einher gehend das Gestalten von Lernprozessen, neben dem Aufnehmen bestimmter Informationen und Sachverhalte auch deren

geeignete Einordnung in einen größeren Zusammenhang und deren Übertragung auf andere Fragestellungen, ggf. auch die selbstständige Weiterentwicklung.

• Nicht zuletzt auch einen souveränen persönlichen Auftritt in Bekleidung, Verhaltensweisen, Ausdrucksformen, Interaktion mit dem Publikum, usw., die dem Publikum signalisiert, dass die präsentierende Person sich mit dem Thema ebenso wie mit den Erwartungen des Publikums auseinandergesetzt hat.

Die wesentlichen Elemente zeigt Tab. 1.1 auf.
In allen Fällen kommt es für die verantwortliche Person darauf an:

• den genauen Arbeitsauftrag zu klären, der das Arbeitsziel und die damit korrespondierende Rolle (z. B. als Experte zu einem Thema) umfasst,
• die Rahmenbedingungen festzulegen (Arbeitsort, Arbeitszeitraum, Ausstattung mit Hilfsmaterial wie Präsentationstechnik, Anzahl,

Tab. 1.1 Synopse verschiedener Arbeitsformen. (Quelle: eigene Darstellung)

	Präsentation	Schulungen/ Seminare/ Tutorien
Wesentliche Elemente	• Vermittlung bestimmter Inhalte: Aufbau, Argumentation/ Darstellung, Ergebniserarbeitung	• Vermittlung bestimmter Inhalte mit Anwendungsbezug und Vertiefung durch Teilnehmende, damit sowohl inhaltliche als auch Prozesselemente
Rollenerwartung	• Sachlich kundig, logische Anordnung der Inhalte, souveräner Auftritt	• Vermittlung von Inhalten, Steuerung des Arbeits-/ Lernprozesses
Erfolgsbasis (=Basis der Notengebung)	• Inhalt, Aufbau und persönlicher Auftritt	• Vermittlung bestimmter Inhalte und Steuerung des Lern- bzw. Arbeitsprozesses • Ggf. auch Empfehlung für weiterführende Aufgaben (z. B. Übernahme studentischer Tutor*innen als wissenschaftliche Mitarbeiter*innen)

Zusammensetzung und Charakter der Teilnehmenden und ggf. auch des Publikums)

- und darauf abgestimmt eine geeignete Verfahrensweise (Lehrplan, einzelne Maßnahmen und Lehrmethoden) zu entwickeln.

Die nachfolgende Anleitung gibt hierzu eine konzentrierte Einführung, die sowohl die Präsentation einer (Studien-)Arbeit als auch die Gestaltung von Lehrveranstaltungen an Hochschulen betrifft.

2

Selbstpräsentation und Einsatz von Präsentationsmedien

2.1 Die Grundregeln der Präsentation

Präsentation ist immer sowohl „Inhaltspräsentation" als auch „Eigenpräsentation". Das bedeutet, zwei verschiedene Aufgaben zu bewältigen (siehe auch Seifert, 2011):

* Ich stelle etwas vor, was mir so wichtig erscheint, dass es andere wissen sollten (bzw. was meinem Auftraggeber so wichtig erscheint, dass es andere erfahren sollen), mit der Leitfrage: Was ist wichtig (oder neu) am dargestellten Inhalt? Und warum ist dies so wichtig (oder so neu)?
* Ich stelle mich selbst vor, mit dem, was mir wichtig ist. Die Präsentation ist der Ausdruck eigener Souveränität und Kompetenz! Und sie fängt mit der äußerlichen und innerlichen Abstimmung auf das Zielpublikum an, mit der entsprechenden Bekleidung, einer angemessenen Ausdrucksweise in Sprache, Gestik und Mimik sowie einem hilfreichen, nicht übermäßigen Medieneinsatz.

Das *Gesamtbild der Präsentation* formt den Eindruck. Eine Präsentation lebt von der Einheit von Thema und den darauf abgestimmten

© Der/die Autor(en), exklusiv lizenziert an Springer Fachmedien Wiesbaden GmbH, ein Teil von Springer Nature 2025
S. Hillebrecht, J. Grillenbeck, *Tutorien und Seminare vorbereiten und moderieren*,
https://doi.org/10.1007/978-3-658-46271-0_2

Vorgehensweisen, dem Einbezug des Publikums und des Settings mit Raum, Zeitpunkt, Umgebungseinflüssen, etc. (vertiefend: Schulenburg, 2017, S. 31 ff.). Die Präsentation der eigenen Person ist eine Verbindung von inhaltlicher Souveränität und einem angemessenen Auftritt, mittels Bekleidung, Rhetorik, Gestik und Mimik.

Unabhängig vom Inhalt gilt der Grundsatz „Ich wirke immer". Eine sehr umfangreiche und solide inhaltliche Vorbereitung wird von einer mangelhaften Selbstpräsentation deutlich abgeschwächt. Umgekehrt kann man mit einer perfekten Selbstpräsentation nur anfänglich Punkte sammeln, wenn der folgende Inhalt nicht den Erwartungen des Zielpublikums entspricht. Erst durch eine gut aufeinander abgestimmte Einheit wird die Präsentation zu einem guten Erfolg (siehe auch Hartmann et al., 2018, S. 5 ff.).

In einer digitalen Präsentation mithilfe von ZOOM, MS-Teams, Webex, o.Ä. gilt dieser Grundsatz ebenso. Neben dem persönlich überzeugenden Auftritt kommt die Anforderung hinzu, die eingesetzte Technik zu beherrschen. Das direkte Feedback der Studierenden vor einem entfällt, da wichtige Teile der Körpersprache fehlen. Gleichzeitig müssen Folien sicher bewegt werden, und Kommentare über Chat oder symbolische Interaktion („Hand heben", Applaus, etc.) schnell registriert und aufgenommen werden – die Komplexität erhöht sich.

Arbeiten mit digitalen Präsentationsplattformen
Seit der Corona-Pandemie haben sich digitale Präsentationsplattformen wie ZOOM, Webex, Adobe-Connect und Microsoft Teams in den Hochschulen etabliert. Sie haben unterschiedlich ausgeprägte Funktionalitäten, sind aber im Prinzip ähnlich:

- Es gibt die Möglichkeit, alle Teilnehmenden mit Bild und Ton zu versammeln.
- Es gibt eine Interaktionsfunktion (z. B.: Chat, Kommentar, Hand heben, „schneller", „langsamer", usw.), diese schließt in den meisten Fällen auch den Austausch von Dokumenten in unterschiedlichem Umfang mit ein.
- Es können Dokumente aller Art eingeblendet werden, von Folien über Handouts bis hin zu Online-Quellen.

- Über eine Whiteboard-Funktion können mithilfe der Maus oder eines digitalen Stiftes auch direkt Texte und/oder Zeichnungen entwickelt werden.
- Die moderierende Person kann für alle Teilnehmenden auch Vorgaben machen, z. B. den Ton ausschalten („muten").
- Allerdings bedeutet die digitale Übermittlung meistens eine Latenz in der Wahrnehmung der anderen; d. h. dass die Übertragungszeit für eine ungewohnte, kurze Zeit die Ton-Übermittlung und die visuelle Übermittlung verzögert. Damit zeigen Mimik und Gestik nicht sofort, ob die Gegenseite verstanden hat, was gesagt wurde, und wie es gesagt wurde – digitale Lehre ist damit mental deutlich anstrengender als Präsenzlehre.

Als Arbeitsbeispiel stellen wir die Funktionalitäten in der ZOOM-Anwendung (die Beschreibung der Bedienungsleiste ist von links nach rechts zu verstehen) vor:

- Stumm schalten (eigenes Mikro ein-/ausschalten, z. B. wenn man gerade mit jemandem im Raum oder über Telefon spricht)
- Video beenden (wenn z. B. Pause gemacht werden soll)
- Teilnehmer, mit der Möglichkeit, zusätzliche Teilnehmer*innen einladen zu können
- Chat, als Möglichkeit, neben der offenen Kommunikation über Bild/Ton zusätzlich Informationen auszutauschen, Hinweise zu geben, und zwar entweder an alle im Teilnehmerkreis oder gezielt an einzelne Personen, ergänzend können auch Dateien ausgetauscht werden
- Reaktionen-Menü, mit Applaus- und Zustimmungsfunktion, der Handhebe-Funktion (als Zeichen, dass man sich zu Wort melden will) und weiteren Reaktionsformen, die beständig erweitert werden
- Bildschirm-Freigabe, mit der Möglichkeit, für den Teilnehmerkreis die Möglichkeit zu geben, eigene Präsentationen einzuspielen und dazu zu referieren, und v. a. mit der Möglichkeit, verschiedene „Bildschirme" des Host einzuspielen, sofern jemand z. B. zwei Bildschirme und ein Zeichenpad angeschlossen hat, kann zwischen diesen drei Einspielmöglichkeiten hin- und hergewechselt werden; das Zeichenpad erfordert

am Anfang etwas Übung und kann sowohl mit der Maus als auch mit entsprechenden Zeichenstiften bedient werden
- Host-Tools, mit verschiedenen Einstellungsmöglichkeiten zum Meeting, z. B. Warteraumfreigabe oder die Stummschaltung aller Teilnehmenden
- Umfrage, um verschiedene Fragen in die Runde einzuspielen, z. B. Abstimmungen und Feedbackfragen zu stellen
- Aufnahme, mit der Möglichkeit, entweder für die Cloud oder für den eigenen Computer eine Aufnahme zu starten, wobei hier aus Datenschutz- und Urheberrechtsgründen die anderen Teilnehmenden auf die Aufnahme hingewiesen werden müssen und diese die Möglichkeit haben müssen, ihr Bild zu sperren bzw. einen Kunstnamen zu verwenden, die ungenehmigte Aufnahme kann unter § 203 StGB und/oder andere Bestimmungen fallen
- Breakout Sessions, mit der Möglichkeit, die Teilnehmenden in kleinere Arbeitsgruppen auseinander zu schicken, der Host kann dabei die Zahl der Kleingruppen selbst bestimmten, und entweder eine automatische Zuweisung einrichten, selbst die Teilnehmenden auf die einzelnen Gruppen manuell zuweisen oder aber den Teilnehmenden erlauben, sich einer Gruppe selbst anzuschließen; bei der Einrichtung von Breakout Sessions kann sich der Host selbstständig in einzelne Gruppen einklinken und auch wieder verabschieden; ebenso können die einzelnen Gruppenmitglieder den Host bitten, in ihre Gruppe zu kommen, um Fragen zu klären etc.

Die technische Entwicklung zeigt, dass beständig einzelne Funktionen hinzugefügt oder verändert werden, sodass diese Aufzählung auf dem Stand von Juni 2024 schon in einem halben Jahr überholt sein kann. Darüber hinaus sind verschiedene Funktionen in der kostenlosen Version möglicherweise nicht verfügbar.

Es ist naheliegend, dass man sich am Anfang mit geringer Übung noch etwas ungeschickter anstellt. Aber auch hier gilt das Erfahrungskurven-Konzept: je mehr man übt und ausprobiert, umso sicherer wird man. Mehr hierzu im Abschn. 3.10.

Aber keine Sorge: Die meisten Studierenden haben bereits die eine oder andere Präsentation gehalten, z. B. in der Schule ein Referat, zu einem 80. Geburtstag in der Familie ein Gedicht vorgetragen oder vielleicht auch im Rahmen eines Vereins anderen schon etwas vorgeführt. Diese Erfahrungen sind ein wichtiger Baustein für Ihre Routine in Präsentationen. Unabhängig davon, wie Sie sich gefühlt haben, ob Sie vom Erfolg überzeugt oder eher enttäuscht waren: Sie haben wichtige Erfahrungen gesammelt, die Sie sich nochmal in Ruhe vor Augen führen können (siehe Anlage 4). Neben einer gewissen Freude am öffentlichen Auftritt ist vor allem die Übung ein wichtiger Baustein für erfolgreiche Präsentationen – es geht hierbei einfach nichts über die Routine.

2.2 Die Klärung der inhaltlichen Erwartung

Bei einer Präsentation im Studium steht in der Regel eine Prüfungsleistung oder zumindest ein inhaltlicher Impuls in Vorbereitung auf eine Prüfungsleistung im Vordergrund. Der Prüfer gibt einen Arbeitsauftrag auf, der im Rahmen der Präsentation zu bearbeiten ist und der folgendes abdeckt:

- Die Arbeitsaufgabe wird beantwortet,
- Die Vorgehensweise wird transparent und überzeugend erläutert,
- Die Informationsbasis wird transparent dargelegt und ist im wissenschaftlichen Sinne tragfähig,
- Last but not least, man ist von der eigenen Arbeit überzeugt, ohne unbelehrbar zu sein (sprich: offen für Anmerkungen, Diskussionen und Rückfragen), und überzeugt folglich mit dem Vorgehen, den Darstellungsweisen und den Inhalten.

Einige Prüffragen helfen bei der Vorbereitung. Die erste Prüffrage lautet: Werde ich *zum* Publikum sprechen oder *vor* dem Publikum sprechen? Anders ausgedrückt, ich mache mir Gedanken um

a) die Zielgruppe (handelt es sich um ein rein studentisches Arbeitsteam, um ein studentisch geprägtes Plenum mit Dozent*innen als Prüfer*innen, eine reine Prüfungskommission aus Dozent*innen? Sind vielleicht auch externe Personen dabei, z. B. Vertreter*innen von Unternehmen, mit denen man in einem Projekt zusammenarbeitet?)

b) das Interesse und die Motivation des Publikums (Grund der Anwesenheit: weil thematisches Interesse herrscht, Anwesenheit gefordert ist, oder aus Solidarität zu einem selbst?)

c) den Nutzen der Präsentation für das Publikum (Was weiß das Publikum am Ende mehr als vorher?)

d) dem Wecken und Halten des Interesses des Publikums (wie bekomme ich ihre Aufmerksamkeit und Anteilnahme? Durch Anekdoten, Beispiele, aufwändige Animationen?)

Ad a) Die Voraussetzungen in der Zielgruppe

Bei Präsentationen im Umfeld der Hochschule hat man den Vorteil, dass die meisten Teilnehmenden über eine recht ähnliche Vorbildung verfügen. Sie sind alle im gleichen oder zumindest einem ähnlichen Semester und haben damit relativ identische Vorlesungen gehört. Die eine oder der andere wird durch vorhergehende Berufserfahrung oder vielleicht ein zusätzliches Studium einen Wissensvorsprung haben, den man durchaus auch einbauen kann, durch gezielte Ansprache (wenn man es vorher weiß und das Thema es nahelegt) oder auch durch eine Abfrage vorab.

Im beruflichen Kontext oder vor einer außerschulischen Zielgruppe (z. B. im Verein oder in der Volkshochschule) kann das Publikum hier eine ganz andere Bandbreite aufweisen, von jungen Leuten mit Hochschulausbildung über Menschen mit Berufsausbildung bis hin zu lebenserfahrenen Personen mit langjährigen Erfahrungen in einem Berufsfeld auf einer Leitungsebene. Ebenso spielt die Mentalität eine Rolle. So werden in einem wirtschaftswissenschaftlich geprägten Studiengang andere Überlegungen eine Rolle spielen als in einem sozialwissenschaftlichen oder technischen Studiengang, und entsprechend wollen die Argumente aufgebaut, die Beispiele gewählt, die Teilnehmenden einbezogen werden.

Ad b) Das Interesse und die Motivation der Teilnehmenden

Die Interessen der Teilnehmenden und die daraus abgeleitete Motivation ergeben sich aus der Überlegung, was die Teilnehmenden durch die

Präsentation lernen können. Im beruflichen Kontext kann die Teilnahme Ausdruck einer Förderung durch den Vorgesetzten sein, ein persönliches Interesse am Thema, die Begegnung mit Gleichgesinnten oder auch einfach die Chance, „mal rauszukommen". Zudem wird das entsendende Unternehmen gewisse Interessen haben, da es für die Teilnahme zahlt und den Arbeitnehmer freistellt – dafür möchte es einen Gegenwert haben, z. B. in Form der gesteigerten Fachkompetenz seiner Mitarbeitenden. Im Kontext der Hochschule kann die Teilnahmemotivation darin bestehen, dass man:

- solidarisch ist mit den Kommiliton*innen („ich bin bei Dir dabei, dafür bist Du bei mir dabei")
- aufgrund von Teilnahmeverpflichtungen anwesend sein muss
- ein besonderes inhaltliches Interesse hat (selbst etwas Neues erfahren, zusätzliche Informationen für das Studium gewinnen) und/oder am Beispiel anderer sehen möchte, wie man gut präsentiert

Ad c) Der Nutzen für das Publikum
Dieser Punkt spiegelt den inhaltlichen Gewinn für die Teilnehmenden wider und ist eng mit Punkt b) verbunden. Es geht darum, dass bei einer Präsentation etwas vermittelt wird, was die Mehrzahl der Teilnehmenden als „Lerngewinn" begreift. Bei einer Präsentation bis ca. 60 min Dauer umfasst dieser Lerngewinn meistens ein bis zwei sehr wichtige Gedanken und dazu ergänzend mehrere Zahlen, Daten, Fakten oder auch Literaturverweise. Von daher wird es nicht darauf ankommen, alle möglichen Grundlagen und Entwicklungslinien in einen Vortrag zu packen. Vielmehr ist es für das Publikum interessanter, anhand von – am besten zwei, maximal drei – guten Beispielen aufzuzeigen, was am Thema wichtig und elementar ist und wie der behandelte Gegenstand sich in der Gegenwart auswirkt (für Techniker: wie man das entsprechende Gesetz anwendet) und wie man selbst zu diesem Punkt steht. Alles andere ist „schmückendes Beiwerk", also wichtig, um zu zeigen, dass man sich informiert hat und die Regeln wissenschaftlicher Arbeit beherrscht, aber nicht unbedingt im Urschleim anfangen muss.

Ad d) Das Wecken und Halten des Interesses

Die Vermittlung des eigenen Stoffs hängt davon ab, wie gut man das Publikum für den eigenen Inhalt und die eigene Vorgehensweise interessiert. Sowohl der Inhalt als auch die Arbeits- bzw. Vorgehensweisen müssen die Interessen der Teilnehmenden ansprechen und sie auch von „Alternativbetätigung" (z. B. parallele Nutzung von Social Media) abhalten. Ein interessiertes Publikum ist Belohnung für die eigenen Bemühungen, ein gelangweiltes Publikum die Strafe für eine falsche, weil ermüdende Darstellungsweise.

Das Interesse kann durch folgende Methoden geweckt werden:

- Präsentation eines Beispielfalls aus der Erlebniswelt des Publikums („Sie kennen dieses Problem, und so kann es gelöst werden:")
- Präsentation eines völlig neuen Phänomens, das einen Bezug zur Lebenswelt des Publikums aufweist („Ich habe folgendes erfahren/gelernt/ …, und das kann jetzt oder in Zukunft von Ihnen/Euch in folgender Form angewendet werden:")
- oder durch Präsentation eines merkwürdigen, in sich nicht ganz stimmigen Zusammenhangs („kognitive Dissonanz", z. B. ein Schimpanse, der mit Messer und Gabel isst, oder Pinguine, die von Eisschollen losfliegen und im Regenwald landen), der vielleicht sogar in humorvoller Weise gestaltet werden kann, um daran eine neue Idee oder eine neuartige Anwendung eines bekannten Wissens zu erläutern. Diese Methode wird gerne in der Werbung verwendet, kann aber auch für die Auflösung von Problemen in der Teamarbeit oder organisatorischer Abläufe dienen

Man beginnt also mit einem Element, das beim Publikum Interesse hervorruft (lat.: *inter esse* – dazwischen sein, Beziehung bilden) und dem Publikum signalisiert, dass es hinterher mehr weiß, in Bezug auf die Problemlösung mehr versteht und beherrscht. Der ideale Start motiviert, aber überfordert nicht. Dafür darf er weder zu langweilig noch zu anspruchsvoll sein, weder zu humorvoll noch zu ernsthaft gewählt werden. Und er muss etwas aus der gesamten Inhaltswelt der Präsentation vorstellen, die wir im nächsten Abschnitt angehen.

2.3   Die Planung von Inhalt und Vorgehen

Jede Präsentation basiert auf einem Auftrag bzw. einer Aufgabenstellung. Der Auftrag umfasst Festlegungen hinsichtlich dessen, was inhaltlich erwartet wird. Der Inhalt besteht in der Vermittlung von zusätzlichen Kompetenzen (neues Wissen und dessen Anwendung im beruflichen bzw. wissenschaftlichen Kontext) und dem Aufzeigen der eigenen Sachkompetenz. Letzteres bedeutet: man hat sich durch Literaturauswertung, Recherche im Internet und in der Praxis sowie eigenen Überlegungen so intensiv mit der Materie beschäftigt, dass man weiß, worum es geht, wo die problematischen Stellen liegen und was der besondere Anwendungsnutzen des jeweiligen Themas ist.

Dazu kann man verschiedene Vorgehensweisen wählen, nämlich:

* ein *analytisches bzw. deduktives Vorgehen*, bei dem man am Anfang einen Überblick über das Thema gibt, dann das Wesentliche am Thema für den Auftrag darstellt und dies anschließend anhand eines entsprechenden Beispiels oder besser zwei entsprechender Beispiele vertieft; dieses Vorgehen ist immer dann besonders sinnvoll, wenn es um die Entwicklung einer bestimmten Denk- oder Analysesystematik geht und die Anwendung in allgemeiner Form aufgezeigt werden soll (z. B. Einteilung der Wirtschaft in Branchen und daraus abgeleitet deren typische Produktions- und Vertriebsweisen).

* ein *induktives Vorgehen*, in dem ein Beispiel als Problemfall behandelt und eingehend analysiert wird, in einem zweiten Schritt allgemeine Grundsätze aus dem Beispiel abgeleitet werden und in einem dritten Schritt die Berechtigung der allgemeinen Grundsätze an anderen Beispielen aufgezeigt wird. Dieses Vorgehen ist besonders gut geeignet, wenn man ein Beispiel aus der beruflichen Praxis (möglichst authentisch) besitzt und sich daran allgemeine Grundsätze ableiten lassen (z. B. zum Thema Konflikte in Führungssituationen).

* ein *analoges Vorgehen*, bei dem man einen Beispielfall auswählt, ähnliche Fälle sucht und im Vergleich Gemeinsamkeiten und Unterschiede bestimmt und darauf aufbauend ebenfalls Grundsätze und Gesetzmäßigkeiten oder auch Handlungsempfehlungen ableitet (z. B. bei der

interkulturellen Kommunikation: Manieren im Geschäftsleben in Groß-
britannien, in Frankreich, in China, in Japan etc.; analog auch die Wahl
von Werbemotiven in verschiedenen Ländern).

- eine **Modellbildung**, bei der man ein grundsätzliches Modell entwirft
bzw. vorstellt, mit möglichst wenig Eigenschaften, um das Publikum
nicht abzulenken oder mit übermäßiger Komplexität zu überfordern.
Anhand der einfachen Strukturen des Modells kann man darlegen,
was am Vermittlungsgegenstand wesentlich ist. Verkürzungen und
Unvollständigkeit werden bewusst zur Reduktion von Komplexität in
Kauf genommen. Im weiteren Verlauf kann das Modell entsprechend
den eigenen Erfahrungen und Erkenntnisse des Publikums erweitert
und ergänzt werden. Dieses Vorgehen besitzt Ähnlichkeiten mit dem
induktiven Vorgehen und wird den meisten aus dem naturwissen-
schaftlichen Unterricht in der Schule vertraut sein, da es in Chemie
und Physik, aber auch in der Mathematik und in der Biologie oft
angewendet wird. Es hat immer dann seine Berechtigung, wenn dem
Publikum ein bisher kaum vertrauter Gegenstand nähergebracht
werden soll.

Jedes Vorgehen kann für bestimmte Aufträge besonders nahe liegen
und in anderen Fällen eher suboptimal sein. Das Vorgehen wird anhand
des Präsentationsauftrags geprüft und entwickelt.

2.4 Die Präsentationsformen

Als Präsentationsform versteht man die Art und Weise, wie ein bestimmter Inhalt dargestellt wird. Die Präsentationsformen unterscheiden
sich insbesondere in dem Umfang, in dem der Präsentator seine Ergebnisse vorgibt bzw. die Teilnehmenden der Präsentation in die Darstellung
bzw. weitere Bearbeitung einbezieht, also die Interaktion sucht. Es gibt:

- den **Vortrag**: Gut geeignet zum Überblick oder Einblick in ein bestimmtes Thema als „Impuls"; sollte möglichst nicht zu lange gehalten sein, mit maximal 30 bis 45 min Dauer (da danach die
Konzentrationsfähigkeit deutlich nachlässt – man kennt das aus den

2 Selbstpräsentation und Einsatz von Präsentationsmedien

Vorlesungen über 90 min Dauer sehr gut), und möglichst immer durch weitere Medien unterstützt werden, wie z. B. EDV-Folien („PowerPoint-Slides" bzw. „Prezi-Slides", um die beiden aktuell gängigsten Anwendungen zu nennen), Tageslicht-Folien, Flip-Chart-Papiere, Tischvorlagen, usw.;

- die *Diskussion*: Gut zum Meinungsaustausch und zur Reflexion, erfordert aber eine straffe Diskussionsführung; sollte zeitlich nicht über 30 bis 45 min Dauer angelegt werden, um Ermüdungseffekte zu vermeiden. Die Diskussionsleitung hat die Pflicht zur Unterbindung von „Koreferaten", also übermäßig langen Beiträgen von Teilnehmenden;
- die *Simulation*, in Form von Rollenspielen, Fallstudien und Planspielen: gut geeignet zur Übertragung auf eigene Fragestellungen, aber auch als Eröffnung, um Betroffenheit/Praxisbezug bei den Teilnehmenden zu erzeugen;
- die *Aktion*, z. B. das Anbringen von Klebepunkten auf einem „Fieberthermometer" (d. h. die grafische Darstellung eines alten Fieberthermometers, mit unten 0 Grad = sehr schlecht/völlig ungenügend und oben 100 Grad = sehr gut/bestens geeignet), welches die Dringlichkeit gut aufzeigt, oder ein „Themen-Cluster", Abstimmung, Präsentationen, Lockerungsübungen: Aktionen sind eine gute Möglichkeit, Commitment in der Teilnehmergruppe herzustellen und Abwechslung zu erzeugen. Sie sollten nicht länger als ca. 10 min angesetzt und nicht als „pure Spielerei" eingeplant werden!
- Die *Partner-/Gruppenarbeit*: insbesondere bei umfangreicheren Themen und beim Wunsch, die Teilnehmenden zu einer Transferleistung zu bringen, kann ein entsprechender Arbeitsimpuls sehr sinnvoll sein, bei der die einzelnen Kleingruppen ausgewählte Fragestellungen anhand von Arbeitsaufgaben und/oder Arbeitsblättern bearbeiten. Sinnvollerweise sollte darauf ein Feedback an die große Gruppe erfolgen, z. B. durch Abfrage bei einzelnen Teilnehmenden, kurze Präsentationen, etc.

Eine gewisse Abwechslung in der Form erhält die Spannung und Aufmerksamkeit, sollte aber dem Themengegenstand und dem Zeitbudget angepasst werden und nicht nur zum Selbstzweck erfolgen. Ein Vortrag von ca. 20 min Dauer kann nach einer Themenvorstellung sicher mit einer kurzen Frage an das Publikum aufgelockert werden, die sich mit zwei bis drei Voten aus dem Plenum beantworten lässt, aber keine ausufernde Diskussion provoziert. Im Hinblick auf ein sehr eingeschränktes Zeitbudget sollte die Interaktion also eingegrenzt werden. Eine Präsentation von ca. 45 min Dauer kann hingegen viel stärker auf Interaktion setzen, mit einem Rundgespräch zu Anfang oder einer Diskussion im Mittelteil.

2.5 Einige Hinweise zur wirkungsvollen Rhetorik

Rhetorik ist die Kunst, mithilfe von Worten, Körpersprache und ggf. unterstützenden Medien eine direkt ansprechbare Zuhörerschaft von der eigenen Ansicht zu überzeugen, sich selbst als sachkundig und vertrauenswürdig zu präsentieren und damit eine positive Einstellung für die eigene Präsentation zu bewirken. Rhetorik ist immer auch Wettbewerb, Wettbewerb um die Aufmerksamkeit und Gunst des Publikums, gegenüber anderen Positionen, anderen Sprechern, anderen Zeitverwendungsmöglichkeiten. Rhetorik ist damit auch eine Art Sport, sozusagen ein „Verbalsport". Damit Sie diesen Wettbewerb erfolgreich bestreiten denken Sie bitte an (vgl. Reiter, 2012, S. 1 ff.; Rossié, 2004, S. 13 ff.):

- Eine eingängige Wortaussage (die verbale Aussage), wobei man hier wissen muss, das gesprochenes Wort anders wirkt als geschriebenes Wort – also „ablesen" vermeiden!
- Ein dazu passender Ton bzw. Subtext (die paraverbale Aussage), der dem Vortrag Leben einhaucht sowie Spannung und Entspannung erzeugt
- Eine angemessene, abgestimmte Körpersprache (die nonverbale Aussage), also eine Gestik und Mimik, die das Gesagte unterstreicht und gleichzeitig zu dem eigenen Wesen passt – man sollte authentisch bleiben.

Gute Rhetorik führt alle drei Aspekte zusammen und bewirkt eine insgesamt stimmige, also authentische Gesamtaussage. Dazu legt man sich eine „Präsentationsstrategie":

- Den Aufbau der Rede oder Präsentation (mit Einführungsteil, Hauptteil und Schluss, dazu gleich mehr),
- Die Verwendung geeigneter Medien (Folien/PPT-Slides, Tischvorlagen, Flip-Charts etc.)
- Der Einsatz geeigneter Signale, zur Beeinflussung der emotionalen, kognitiven und affektiven Situation der Zuhörer, also der Gefühlswelt, des Wissens und Denkens sowie der Handlungsdispositionen (etwas gut oder schlecht finden und ggf. auch eine bestimmte Position zu unterstützen)

Eine gute Rede hat, wie bereits gesagt, drei Elemente. Mit dem Einführungsteil bietet man den Zuhörern eine Orientierung über die Problemsituation bzw. mit dem zugrunde liegenden Auftrag. Dazu nimmt man als Aufhänger ein aktuelles Ereignis, das sehr gut in den Kontext passt, oder auch eine Begebenheit aus der Vergangenheit, die idealtypisch für den Inhalt der Präsentation steht. Die Einführung sollte einen Zeitumfang von maximal 5–10 % besitzen.

Mit dem Hauptteil werden die relevanten Fakten und Meinungen vorgetragen, ggf. auch unterschiedliche Positionen beleuchtet und bewertet. Er ist der wesentliche Teil und erstreckt sich über ca. 80 % Zeitanteil.

Der Abschluss ist eine zusammenfassende Bewertung der im Hauptteil vorgetragenen Positionen mit einer eindeutigen Stellungnahme. Oftmals nutzt man dies auch, um den Zuhörern eine bestimmte Einschätzung oder gar Handlungsweise nahe zu legen. Auch hier gilt analog zur Themeneinführung eine Beschränkung auf maximal 10 % Redezeit. Interessanterweise werden die meisten Zuhörer*innen an den Punkten hängen bleiben, die sie in der Einführung und im Schlussteil gehört haben, und das gilt es entsprechend zu nutzen.

Diese Grundstruktur gilt letztendlich für alle Formen öffentlicher Rede, sowohl für eine Rede zum Hochzeitstag oder einem runden Geburtstag als auch für wissenschaftliche Präsentationen. Allerdings sollte man bei wissenschaftlichen Ausführungen auf eine klare Trennung zwischen den objektiven Fakten (z. B. verschiedene Lehrmeinungen, Daten aus Untersuchungen, Statistiken etc.) und der eigenen Interpretation unterscheiden, sodass die Grundstruktur einer Rede für eine wissenschaftliche Präsentation zu erweitern ist, was wir in Abschn. 2.6. nochmals aufgreifen:

- Eine Einführung, als Orientierung zum Problem (besondere Aktualität, besondere Problemdimension, besondere Bedeutung), mit ca. 10 % Zeitanteil
- Eine Darstellung der bisherigen wissenschaftlichen Arbeiten (Lehrmeinungen, Studien, …), als objektive Deskription, mit ca. 50–60 % Zeitanteil
- Eine wohl begründende Interpretation der vorgefundenen Theorien, Daten und Fakten (ca. 20–30 % Zeitanteil)
- Eine abschließende Zusammenfassung der wesentlichen ein bis zwei Argumente, ggf. mit einem Ausblick auf weitere Forschungsperspektiven, mit ca. 10 % Zeitanteil

Anhand dieser Grundstruktur merken Sie relativ schnell, was wann zu sagen ist. Mit zunehmender Routine können Sie auch darüber nachdenken, den Einstieg etwas emotionaler zu gestalten und entsprechend aufzulockern – als Zeichen des eigenen Engagements, der eigenen Identifikation mit dem Thema. Hierfür bietet sich u. a. die aktuelle Berichterstattung an. Nutzen Sie dafür z. B. Wirtschaftsmedien wie:

- Wiwo.de
- Handelsblatt.com
- Manager-magazin.de
- In Österreich z. B. die-wirtschaft.at oder trend.at
- In der Schweiz fuw.ch oder bilanz.ch
- Oder auch englischsprachige Medien wie hbr.org, wsj.com oder ft.com

Im anbrechenden Zeitalter der Künstlichen Intelligenz kann es auch sinnvoll sein, Anwendungen wie Chat GPT (gerne auch in der Version von Microsoft/bing, als „Copilot" bekannt) mit dem Entwurf von Strukturen, Gliederungen oder Texten zu beauftragen. Alternativen sind z. B. Neuroflash, Chatsonic, Claude 2 oder Google Gemini (siehe Hillebrandt, 2024). Allerdings zeigen sich v. a. die kostenfreien Versionen nach wie vor als fehleranfällig. Die entsprechenden Ergebnisse sollten also sorgfältig geprüft werden (siehe auch Wolfangel, 2022; Ziagl, 2024).

Einzelne Hochschulen geben ihren Lehrkräften auch Zugang zu bezahlpflichtigen Varianten. Inwieweit dies auch für Tutorinnen und Tutoren gilt, wäre vor Ort zu klären.

In den meisten Hochschulen ist der Einsatz von KI-Modellen erlaubt, wenn er entsprechend dokumentiert wird. Der Zitierhinweis kann z. B. folgendermaßen lauten: Ergebnis einer KI-Recherche unter Copilot am 24.05.2024, Ausgangsprompt: „Gestalte mir 5 PowerPoint-Folien zum Thema Einführung in die Buchführung, 1. Semester BWL an einer Fachhochschule, wichtig sind die Funktion der Buchführung, gesetzliche Rahmenbedingungen, Grundsätze ordnungsgemäßer Buchführung". In einer schriftlichen Hausarbeit oder weitergehenden Prüfungsleistungen (Seminar-/Bachelorarbeit etc.) müsste das Ergebnis der guten Ordnung halber zusätzlich im Anhang enthalten sein. Damit kann zum einen die Fertigkeit im Umgang mit KI-Modellen trainiert, und zum anderen der wissenschaftlich korrekte Umgang mit dieser Quelle aufgezeigt werden.

Der Hauptteil mit der Darlegung der Fakten und Daten ist vor allem seriös und wenig emotional zu halten. Man wird die Zuhörerschaft damit vielleicht an der einen oder anderen Stelle langweilen, aber die Seriosität ist hier wichtiger als der Unterhaltungseffekt.

Die eigene Bewertung kann dann bereits wieder etwas offener und freundlicher gehalten sein, da diese ja auch eine emotionale Verankerung beim Zuhörer bewirken soll. Dazu bieten sich Sätze an wie „Aus Gründen der ethischen Fundierung unterstütze ich …" oder „Zum Schutz der Mitarbeiter halte ich es für erforderlich, dass …" oder „Die freie Marktwirtschaft kann daher nur funktionieren, wenn …". Solche Formulierungen nehmen einerseits für die eigene Position ein, werden aber auch bei den Opponierenden Widerspruch provozieren (oder können mit einer Bemerkung wie „andere sehen hingegen X und Y als wichtig an" von Ihnen vorbereitet werden), und damit haben Sie eine wichtige Regel der Rhetorik berücksichtigt – den Wettbewerb der Meinungen. Vermeiden Sie also nicht den Widerspruch, sondern greifen Sie ihn auf, legen Sie es auf Widerspruch an! Die Aktivierung ist insbesondere in höheren Semestern ein Element für die Notenbildung, unter mehreren anderen. Und das Schöne am Widerspruch ist, dass Sie im Publikum auch immer Unterstützung für Ihre Position haben, die diese aufgreifen und vertiefen. So können Sie sich bei Widerspruch zunächst einmal zurückziehen und die Diskussion leiten, während Sie für sich überlegen, ob es weitere Argumente gibt, die Ihre Position unterstützen, wie viele Unterstützer Sie im Publikum haben, was dies für Ihre Argumentation bedeutet, etc. Ein bewährtes Verfahren: Geben Sie diese Position zurück in das Publikum mit dem Satz „Und wie sehen das die anderen?". Und dann können Sie im geeigneten Moment die Diskussion wieder an sich ziehen.

Zum guten Auftritt gehören auch einige rhetorische Kunstgriffe. Diese umfassen:

- Die richtige Kleidung, in der Sie sich sicher fühlen und Seriosität ausstrahlen, was in bestimmten Studiengängen wie den Wirtschaftswissenschaften wichtiger zu sein scheint als in anderen wie den Naturwissenschaften (Als Anhaltspunkt: eine Stufe feiner gekleidet sein als das Publikum)
- Die richtige emotionale Sprache (Sie drücken Ihre Begeisterung für das Thema aus und verwenden geeignete, positiv besetzte Wörter, Sie setzen eine bildhafte Sprache gezielt und an wenigen Stellen ein, um Bilder im Publikum zu verankern)
- Die Darstellung in konkreter, bildhafter Form, z. B. durch modellhafte Erarbeitung an konkreten Beispielen aus der Lebenswelt der Zuhörer („Wir gehen einkaufen – worauf achten wir?"), die Verwendung einfacher Sätze nach der Methode der BILD-Zeitung („Kein Satz über 12 Worte, kein Satz mit mehr als einem Nebensatz!", „Hauptsachen erhalten Hauptsätze") oder die Betonung wichtiger Elemente durch Wiederholung in variierter Form, z. B. mit Formeln wie „anders ausgedrückt kann man auch sagen, dass …"
- Die richtige Kontaktpflege mit dem Publikum (Sie blicken außer Ihrem Manuskript bzw. Ihren Folien auch Ihr Publikum regelmäßig an, und beziehen immer alle ein, also mal die vorderen Reihen, mal die mittleren Reihen, mal die hinteren Reihen, mal links, mal rechts; Dazu sollten Sie Ihr Laptop bzw. den Tageslichtprojektor auch so stellen; Störungen wie Zwiegespräche im Publikum werden schnell angesprochen durch eine gezielte Nachfrage wie z. B. „haben Sie etwas nicht verstanden?"/ „Kann ich Ihnen etwas genauer erklären?"; Zuspätkommende werden nicht ignoriert, sondern Sie schweigen so lange, bis die Person sich gesetzt hat, da Ihr Publikum in der Regel durch die Bewegung der Verspäteten abgelenkt wird, Sie also keine ungeteilte Aufmerksamkeit mehr besitzen)

- Das richtige Standing (Sie stehen beim Vortrag, um Ihr Publikum zu überblicken und die Hierarchie auszudrücken! Wenn Sie Darstellungen am Flip-Chart, an der Pin-Wand oder an der Projektionswand erläutern, führt eine Hand an dieser Darstellung entlang, während Ihr Körper dem Publikum zugewandt ist, damit stellen Sie visuell eine Brücke zwischen Ihrer Darstellung und dem Publikum her)
- Die richtige Lautstärke (wenn Sie ohne Mikrofon sprechen, sprechen Sie die letzte Sitzreihe an, sodass auch diese Leute Sie ohne Mühe hören können), wenn es zu laut wird: Versuchen Sie bitte nicht, noch lauter zu werden und die Seitengespräche zu übertönen, weil irgendwann Ihre Stimmbänder ruiniert werden, es empfiehlt sich eher, kurz anzuhalten und zu warten, bis wieder Ruhe im Raum herrscht, ggf. schauen Sie auch die Störquellen so lange schweigend an, bis diese merken, dass sie was falsch machen

Bei digitaler Lehre können folgende Hinweise hilfreich sein:

- Optimale Bildübertragung absichern, durch Sprechen in die Kamera (Hilfestellung: ein kleines Bild einer sympathischen Person links oder rechts neben der Kamera anbringen, damit man freundlicher in die Kamera spricht)
- Optimale Tonübertragung absichern, ggf. durch Verwendung eines Headsets
- Ein Draw Pad anschließen, mit dem sich leichter zeichnen lässt als mit der Maus
- Und überlegen, ob ein zweiter Bildschirm für die „Verwaltung" der Teilnehmenden (sprich: Anzeige der Teilnehmenden) sinnvoll ist, und dann bei einer Gruppengröße bis ca. 25 Personen darum bitten, dass auch die Kamera angeschaltet bleibt

Wenn Sie diese Regeln beachten, erreichen Sie Ihr Publikum. Und sollten Sie dennoch einen „Hänger" oder gar einen „Blackout" haben – das passiert vielen. Viele Vortragende stehen bei übermäßigem Stress im wahrsten Sinne des Wortes auf der Leitung. In der Regel werden Ihre studentischen Zuhörerinnen und Zuhörer das ignorieren, Ihnen meist auch helfen wollen. Dieses Wissen erleichtert einiges. Zudem gibt es einen sehr einfachen Trick für den Fall der Fälle: Ihre Präsentationsmedien, insbesondere bei einem

Vortrag mit Folien bzw. PowerPoint®- oder Prezi®-Slides enthalten viele wichtige Stichwörter, an denen Sie sich entlang hangeln können. Notfalls wiederholen Sie nochmals das soeben Gesagte oder überspringen Sie den Punkt, an dem Sie hängen, mit einem charmanten Lächeln – „Da fällt mir gerade nicht ein, was ich sagen wollte – da komme ich später nochmals darauf zurück." Entweder hat Ihr Publikum das bis zum Abschluss vergessen oder aber kommt nochmals in der abschließenden Fragerunde darauf zurück, und bis dahin ist Ihnen auch der fragliche Punkt wieder präsent.

2.6 Wie erkläre ich gut?

Weidenmann (2011) hat zum Thema „verständliches Erklären" eine vier-Punkte-Reihenfolge mit den Elementen Szenario => Überblick => Details => Verankern entwickelt. Derartige Abfolgen sind seit längerem bekannt, manche kennen es auch als das VENÜ-Schema: Vormachen – Erklären – Nachmachen – Üben, wobei hier sicher ein etwas anderer Charakter gegeben ist (Abb. 2.1).

Mit einem kurzen Szenario, mit dem die Teilnehmenden im Idealfall schon vertraut sind, kann das Gehirn auf die Aufnahme von Fakten vorbereitet werden.

Der darauffolgende Überblick fungiert als „Fahrplan" für die Erklärung. An dieser Stelle ist es optimal, das Lernziel zu kommunizieren.

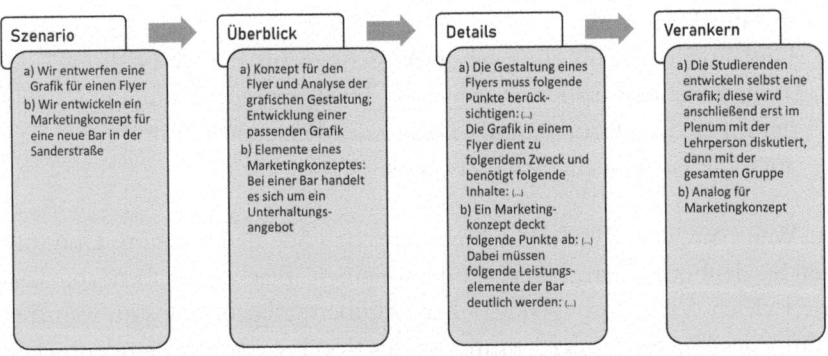

Abb. 2.1 Verständlich erklären. (Quelle: Eigene Darstellung nach Weidenmann 2011)

Erst im dritten Schritt folgen die Details. Hier ist es wichtig, jede und jeden abzuholen! Visualisierungen mit Skizzen, Handbewegungen und Modellen sind in diesem Schritt hilfreich. Achten Sie darauf, alle mitzunehmen. Sobald Teilnehmende einmal „aussteigen" ist es schwierig, sie wieder zurückzuholen. Die häufigsten Gründe für das Verlieren von Aufmerksamkeit bei den Teilnehmenden sind zwei Gegensätzliche Phänomene: Man erklärt zu langsam, oder zu schnell. Das Thema ist zu einfach, oder zu schwierig. Zugegebenermaßen ist es nicht leicht, hier die perfekte Balance zu finden. Je genauer man seine Zielgruppe jedoch analysiert hat, desto besser kann man den Stoff auf diese abstimmen und das richtige Tempo leichter finden.

Im letzten Schritt können die Teilnehmenden überprüfen, ob sie alles richtig verstanden haben. Hier bietet sich ein Rollenwechsel an, in dem die Teilnehmenden den Sachverhalt selbst erklären. Vor allem einem Seminar oder Tutorium kann man die Teilnehmenden in diesen Schritt intensiv einbeziehen. Das ist auch ein Benchmarking für die Lehrperson: Wie gut habe ich erklärt, was muss ich noch intensiver mit der Gruppe besprechen?

2.7 Die Ablauf- und Zeitplanung

Mit der Ablaufplanung und der Zuweisung eines Zeitbudgets schreiben Sie sozusagen das „Drehbuch" für die Präsentation. Ein sinnvoller Aufbau besteht aus vier Schritten:

i. Dem Aufmacher: So ist die Situation/Das ist das Problem/Das lernen wir heute
   (Doppelfunktion: Bekanntmachung des Themas und Beteiligung der Teilnehmer*innen)
ii. Der Themenverdeutlichung: Das müssen wir dazu wissen
iii. Dem Transferschritt: So können wir es anwenden/So interpretiere ich die Lehrmeinungen bzw. die Empirie
iv. Dem Abschluss, als Zusammenfassung, Ausblick, Zukunftsperspektive gestaltet

Der *Aufmacher* zeigt, was an dem Thema besonders interessant ist, welche aktuelle Bedeutung die Thematik hat oder welchen besonderen Anwendungsnutzen die dargestellte Thematik für das Publikum bietet. Er besteht meistens in der Benennung der Aufgabenstellung und einem dazu korrespondierenden Anwendungsproblem aus aktueller Perspektive. Man kann auch einen Blick in die Vergangenheit werfen, wenn diese Vergangenheit bei allen Teilnehmenden präsent ist. Der Aufmacher sollte ungefähr 10 % der Präsentationszeit umfassen.

Die *Themenverdeutlichung* ist der Input-Schritt, der die Problemdimensionen aufzeigt, hilfreiche Informationen gibt, bei der Einordnung des Problems unterstützt. Bei einem analytischen Vorgehen werden die Analyseschritte vorgeführt, bei einem deduktiven Vorgehen ein Schema mit seinen wesentlichen Aspekten aufgezeigt. Ein induktives Vorgehen liegt nahe, wenn alle wesentlichen Aspekte des zentralen Problems aufgezeigt werden können. Die Themenverdeutlichung ist immer dann erfolgreich, wenn alle wesentlichen Informationen auf dem Tisch liegen. Die Betonung liegt also auf einer kognitiven Vermittlung, in Verbindung mit einer positiven Emotion („das geht mich was an, und ich finde das gut"). Die Themenverdeutlichung kann je nach Publikum ca. 50–60 % Zeitumfang an der Präsentation umfassen. Bei Grundlagenthemen wird der Zeitanteil eher höher sein, bei Themen mit hohem Interaktionsanteil eher niedriger.

Der *Transferschritt* appelliert an die Teilnehmenden, sich mit der eigenen Situation auseinander zu setzen und das bisher Präsentierte jetzt in die eigene Lebenswelt zu integrieren, durch Anwendung auf eigene Problemsituationen, durch Übertragung auf eigene Themen, durch Prüfung auf die Relevanz für das eigene Leben. Hier ist die Abstraktionsfähigkeit gefordert, ebenso wie Kreativität, da auch Abwandlungen und Ergänzungen hilfreich sind. Dieser Schritt ergänzt die kognitiven und emotionalen Elemente durch affektive Elemente (positive Einstellung und Handlungsdisposition, also die Bereitschaft, selbst etwas in dieser Richtung/auf der Basis des Präsentierten zu unternehmen). Der Zeitanteil für den Transfer sollte je nach Komplexität der Materie ca. 20–30 % Zeitanteil an der Präsentation umfassen. Als Maßstab gilt: je praktischer das Thema ist und je mehr die Teilnehmerinnen und Teilnehmer bereits mit den Grundlagen vertraut sind, desto höher sollte dieser Anteil sein.

Längere Präsentationen, ab ca. 40 min Dauer, können durchaus nach dem Transferschritt nochmals eine weitere Themenverdeutlichung enthalten, um dem Publikum noch weiteren Nutzwert anzubieten. Dies empfiehlt sich aber nur dann, wenn das Publikum bereits in den ersten Abschnitten genug Sicherheit erworben hat, das bisher erworbene Wissen sicher einzuordnen. Wenn eher Unsicherheit herrscht, sollte eine Ausweitung unterbleiben. Längere Präsentationen mit einem hohen Anteil von sachlichen Fakten (z. B. Vorstellung einer statistischen Auswertung) leben gerade davon, dass immer wieder ein auflockernder Abschnitt integriert wird, der für das Publikum eine gewisse Erholung bietet.

Der *Abschlussschritt* zeigt dem Publikum, dass die Präsentation beendet wird. Sie ist gleichzeitig Dokumentation des bisher Gelernten als auch Aufforderung zur Konsequenz, also zum eigenen Weiterarbeiten mit dem präsentierten Inhalt. Dazu ist es nahe liegend, nochmals die zwei bis drei besonders zentralen Aspekte des präsentierten Themas aufzugreifen und anhand von ein bis zwei Anwendungsbeispielen die Weiterarbeit modellhaft aufzuzeigen. Idealerweise erkennt man an den Rückfragen, in welcher Form der präsentierte Inhalt aufgenommen und weiterverarbeitet wird. Der Zeitanteil für den Abschlussschritt sollte nicht mehr als 10 % betragen.

Die angegebenen Anteilswerte sind als Anhaltswerte zu verstehen. Kurze Präsentationen von ca. 15–20 min Dauer können mit ca. 2 min für den Aufmacher, ca. 6–8 min für die Themenverdeutlichung, ca. 5–6 min für den Transferschritt sowie 2 min für den Abschlussschritt veranschlagt werden. Längere Präsentationen von ca. 45 min sind mit ca. 3–4 min für den Aufmacher, ca. 10–15 min für die Themenverdeutlichung, weiteren 10–15 min für den Transferschritt, ca. 10 min für eine zusätzliche Themenverdeutlichung mit Transferschritt und ca. 5 min für die Abschlussrunde gut kalkuliert.

Souveräne Präsentationen verbinden die jeweiligen Arbeitsschritte durch logische Überleitungen. Damit wird der präsentierte Inhalt aus Publikumssicht abgerundet. Idealerweise wird am Anfang auch eine Art Agenda aufgelegt und in leicht einsehbarer Weise (z. B. als Tischvorlage oder als getrennter Aushang) gesondert publiziert, damit das Publikum stets den Fahrplan vor Augen hat und der Präsentation leichter folgen kann. Beschränkt man die Präsentationsmedien auf eine Folienpräsentation, kann eine entsprechende Gestaltung der Folien (Einblendung des jeweiligen Gliederungspunktes mit Ordnungsnummer) die Strukturierungshilfe übernehmen.

2.8 Die Funktion grafischer Darstellungen

Grafische Darstellungen, einschließlich vergleichbarer Darstellungen in Tabellenform, können verbale Ausführungen wirkungsvoll unterstützen. Wichtig ist, dass sie wesentliche Inhalte und Zusammenhänge gut aufbereitet verdeutlichen und nicht durch übermäßige Komplexität überfordern. Andererseits wird eine zu dürftige Grafik schnell als banal eingestuft. Es geht also darum, ein anregendes Informationsoptimum zu integrieren. Dazu muss man sich mit ihrer Eigenart beschäftigen, denn Grafiken und übrigens auch Tabellen sind eine systematische Darstellung von Zusammenhängen und damit eine sehr effektive Form der Informationsverdichtung. Sie erfüllen ihre Funktion immer dann besonders gut, wenn sie die ihnen innewohnenden Zusammenhänge leicht erkennbar widerspiegeln.

Bei Grafiken bedient man sich meist des üblichen Blickverlaufs von links nach rechts, von oben nach unten. Bei bestimmten Prozessdarstellungen bietet es sich an, eine von links nach rechts ablaufende Darstellungsweise zu wählen, analog zur in Europa und Amerika üblichen Leserichtung von links nach rechts (Abb. 2.2).

Komplexere Wirkungsweisen können dann durch eine entsprechende Erweiterung der Struktur, mit verschiedenen Ebenen und Pfeilen ergänzt werden.

In bestimmten Fällen, in denen es auf einen logischen Aufbau ankommt, wird man sich den Blickverlauf von unten nach oben wählen, von der Basis zur Spitze, weil die äußere Aufmachung in Form eines

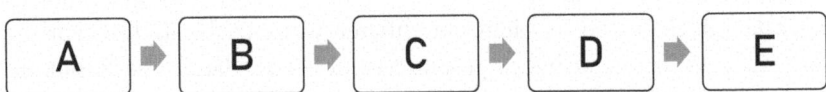

Abb. 2.2 Darstellung eines Ablaufprozesses. (Quelle: eigene Darstellung)

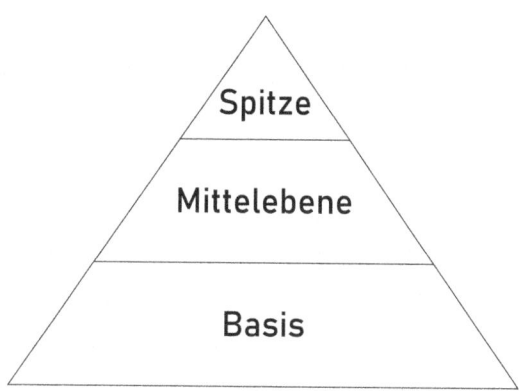

Abb. 2.3 Darstellung eines Aufbau-Schemas. (Quelle: eigene Darstellung)

Hauses oder einer Pyramide den Aufbau symbolisiert und den Blick entsprechend von oben nach unten lenkt.

Mit der Darstellungsform in Abb. 2.3 können u. a. sehr gut Hierarchien zum Ausdruck gebracht werden.

Oder man hebt ein bestimmtes Element in der Bildmitte besonders hervor und legt dann den intuitiven Blickverlauf im Uhrzeigersinn zugrunde (Abb. 2.4).

Wichtig ist in allen Fällen die Überlegung, was dem Betrachter die Erfassung des dargestellten Inhalts am besten erleichtert und was dem Charakter des dargestellten Inhalts am ehesten entspricht. Es kommt also auf das „bildhafte Denken" an, um den Betrachter möglichst schnell ins Bild zu versetzen. Die Wahl der Grafik kann man am besten überprüfen, indem man sich selbst an den Platz des Publikums begibt, die Grafik also vom Zuschauerraum aus betrachtet.

Besonderheiten gelten für Zahlendarstellungen. Sie können in Tabellenform oder auch als Balken- und Kuchendiagramm erfolgen. Hierzu bieten die gängigen Statistikprogramme wie SPSS auch entsprechende Funktionalitäten. Kuchendiagramme sind besonders gut, um prozentuale Anteile zu verdeutlichen, auf einer eindimensionalen Ebene (z. B. Wahlergebnisse, Anteile bestimmter Bevölkerungsgruppen nach Bildung, Konsum etc.). Balkendiagramme helfen hingegen, eine mehrdimensionale Information darzulegen (z. B. Mediennutzungsanteile nach Bevölkerungsgruppen).

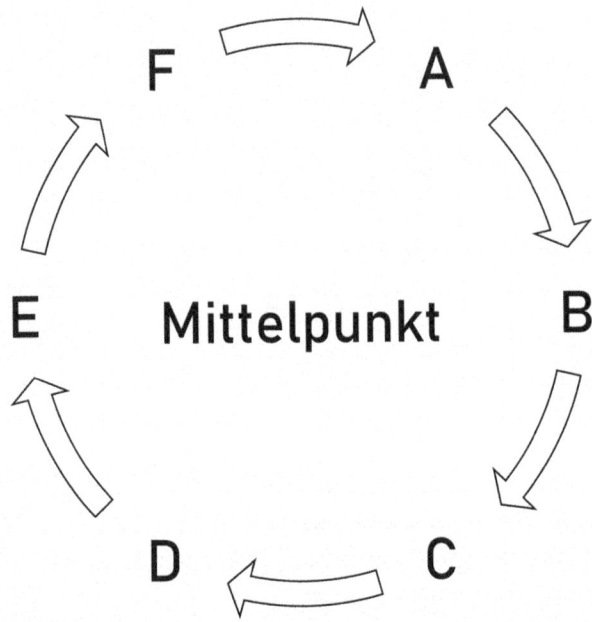

Abb. 2.4 Darstellung eines Kreislauf-/Ablauf-Schemas. (Quelle: eigene Darstellung)

Im wissenschaftlichen Kontext haben sich bestimmte Mindest-anforderungen an die Formalia einer Darstellung eingebürgert. Sie umfassen:

- eine Nummer und einen klug gewählten Titel, möglichst oberhalb der Darstellung (z. B. Tab. 1.: Anrufe pro Stunde; Abb. 2: Ablauf bei einem Telefoninterview)
- unterhalb einer jeden Tabelle oder sonstigen Abbildung erfolgt ein Quellenhinweis, d. h. der Hinweis auf die Ursprungsquelle (bei Fremdquelle: ein ausreichender Zitierhinweis, bei eigener Erstellung der entsprechende Vermerk „eigene Darstellung"; bei einer Zusammen-fassung aus fremden und eigenen Quellen ein entsprechender Vermerk à la „eigene Darstellung in Anlehnung an Fremdquelle".)
- bei Verwendung von Abkürzungen und Symbolen ist eine Legende mit den entsprechenden Erklärungen sinnvoll
- bei statistischen Tabellen wird man bei zweidimensionalen Tabellen die Konvention beachten: Unabhängige Variablen stehen zeilenweise

(Beschreibung in der ersten Spalte), abhängige in den Spalten (Beschreibung in der ersten Zeile); zugegebenermaßen hat die Tab. 2.4 in dieser Ausarbeitung genau gegen diese Konvention verstoßen, weil Platzgründe für eine entsprechende Umkehrung sprachen. Das stört hier aber nicht weiter, weil sie für Leser sofort durchschaubar ist.

Eine Nichtbeachtung dieser Formalia gilt gemeinhin als Verstoß gegen gute wissenschaftliche Sitten und wird zumindest Kritik seitens der Dozent*innen, in der Regel aber auch Notenabzug zur Folge haben. Der tiefere Nutzen dieser Formalia liegt in wissenschaftlichen Grundsätzen. Es gilt, jede Abbildung, jede Tabelle in ihrem Aufbau und ihren Aussagen transparent, aussagekräftig und individuell hinterfragbar zu machen. Es versteht sich von selbst, bei entsprechenden Darstellungen den Nachweis der Quellen penibel zu führen, um hier als gutes Vorbild zu wirken Eine Anmerkung aus urheberrechtlicher Sicht: Abbildungen und andere grafische Darstellungen unterliegen einem anderen, weil strengeren urheberrechtlichen Schutz als reine Textpassagen. Zur Begründung: Texte können auch sinngemäß mit eigenen Worten wiedergegeben werden und damit quasi eine individuelle Anpassung erfolgen, was eine eigenständige kreative Leistung sein kann. Bei grafischen Darstellungen aller Art stellt die Übernahme, auch in Abwandlungen und in Ausschnitten, immer eine Verwendung der Originalvorlage dar, und das ist eine Verletzung des intellektuellen Eigentums des ursprünglichen Schöpfers. In vielen Fällen kann übrigens der Rechtehinweis mit „CC" (d. h. Creative Commons und ist eine gemeinnützige Organisation zur Urheberrechtsverwaltung) und einer weiteren Buchstabenfolge einen Hinweis geben, was der Originalurheber erlaubt, und was nicht.

Zudem sollte die Lesbarkeit beachtet werden. In gedruckten Werken (z. B. Seminararbeit, Tischvorlage) sollte die Schrift in Abbildungen eine Mindestgröße von 9 Punkt haben. Sofern die Darstellung in eine Folie integriert wird, sollte die Schriftgröße nicht unter 12 Punkt skaliert werden, besser sind jedoch noch größere Schriften (siehe Abschn. 2.8). Sicher werden junge Studierende auch eine 8-Punkt-Schrift in einer Ausarbeitung oder eine 10-Punkt-Schrift auf einer Folie lesen können. Allerdings nimmt mit steigendem Alter die Fähigkeit zur Entzifferung kleinerer Schriften ab – von daher darf ich im Namen der Kolleginnen und Kollegen um etwas Nachsicht und eine tendenziell eher größere Schrifttype bitten.

2.9 Die Besonderheiten der tabellarischen Darstellung

Tabellen sind nach einer bestimmten Systematik strukturierte Auf-stellungen von Ergebnissen, meistens mit absoluten und/oder Prozent-zahlen. In ihnen werden statistische Ergebnisse wie Häufigkeiten und Rechenwerte erfasst. Tabellen werden von Dozent*innen durchaus ge-schätzt, da sie relativ schnell zeigen, ob Studierende die Materie erfasst und ihre wesentlichen Elemente zueinander in Beziehung setzen können. Auch für die eigene Arbeit sind Tabellen hilfreich, denn anhand einer Ta-belle kann man sich selbst zeigen, welche Ergebnisse man bisher er-zielt hat.

Einfache Tabellen sind eindimensionale Tabellen. Sie zeigen bestimmte Häufigkeiten nach bestimmten Ausprägungen eines Kriteriums an, wie in Tab. 2.1 musterhaft vorgeführt wird.

In solchen einfachen Tabellen werden einfache Häufigkeiten vereinigt. In diesem Fall scheinen gleich viele Männer wie Frauen ein Auto zu be-sitzen, was ja durchaus ein Ergebnis sein kann. Die Aussagekraft einer Ta-belle wird allerdings höher, wenn eine zweite Dimension eingefügt wird. In Tab. 2.2 wird daher auch auf die Farbe des Autos eingegangen.

Man erkennt bei solchen zweidimensionalen Darstellungen relativ schnell Unterschiede. So kann man anhand dieser Tabelle vermuten, dass Frauen tendenziell eher ein rot gefärbtes Auto ihr Eigen nennen und Männer eher ein schwarzes. Das sind dann schon gewisse Ergebnisse, die einen Wissensfortschritt mit sich bringen können. Wer will kann auch noch Prozentzahlen und Aufsummierungen integrieren, wie in Tab. 2.3 dargestellt.

Hier können die Aufsummierungen und Prozentzahlen bei der Inter-pretation hilfreich sein, da man relativ leicht einen Unterschied in der Farbwahl zwischen Männern und Frauen erkennt. Eine Anmerkung aus

Tab. 2.1 Autobesitz nach Geschlecht am Beispieltag. (Quelle: eigene Darstellung/eigene Untersuchung im Herbst 2023 unter 500 Autobesitzer*innen)

Männlich	Weiblich	Divers
220	220	60

Tab. 2.2 Beispielzahlen zur Farbwahl beim Auto nach Geschlecht. (Quelle: eigene Darstellung/eigene Untersuchung im Herbst 2023 unter 500 Autobesitzer*innen)

	Besitz eines rotfarbigen Autos	Besitz eines schwarzfarbigen Autos
Männlich	100	115
Weiblich	140	85
Divers	30	30

Tab. 2.3 Beispielzahlen zur Farbwahl beim Auto nach Geschlecht. (Quelle: eigene Darstellung/eigene Untersuchung im Herbst 2023 unter 500 Autobesitzer*innen)

	Besitz eines rotfarbigen Autos In absoluten und relativen Anteilen	Besitz eines schwarzfarbigen Autos in absoluten und relativen Anteilen	Gesamt
Männlich	100 = 20 %	115 = 23 %	215 = 43 %
Weiblich	140 = 28 %	85 = 17 %	225 = 45 %
Divers	30 = 6 %	30 = 6 %	60 = 12 %
	270 = 54 %	230 = 46 %	500 = 100 %

methodischer Sicht: Prozentzahlen sind nicht immer hilfreich, denn wenn man „nur" acht oder 15 Fälle ausgewertet hat, wirken die Prozentzahlen schnell scheingenau und verwirren eher. Als Anhaltspunkt: Die Angabe von Prozentwerten bietet ab ungefähr 30 ausgewerteten Fällen einen zusätzlichen Informationsnutzen.

Untersuchungsergebnisse lassen sich selbstverständlich auch verbalisiert darstellen. Gerade bei einer qualitativ gestalteten Umfrage mit Tiefeninterviews oder Fokusgruppen und einer entsprechend geringen Teilnehmerzahl ist es sinnvoller, die Aussagen der einzelnen Probanden in Stichworten darstellen.

Aus derartigen qualitativen Studien können vertiefende Informationen gewonnen werden, die die Ergebnisse bestimmter Studien abrunden und erklären. Wichtig ist hier, die Ergebnisse in leicht verständlichen Stichworten abzubilden und kluge Auswertungskriterien (siehe erste Spalte in Tab. 2.4) zu bilden.

Tab. 2.4 Fernsehkonsum bei ausgewählten Probanden. (Quelle: eigene Erhebung im Oktober 2023)

	Proband 1: männlich, 47 Jahre alt, verheiratet, Mediziner	Proband 2: Weiblich, 42 Jahre alt, verheiratet, Abteilungsleiterin	Proband 3: männlich, 33 Jahre alt, ledig, Facharbeiter	Proband 4: weiblich, 17 Jahre alt, ledig, Schülerin
Informationswünsche	Täglich Nachrichten, interessante Formate zur Geschichte und zum Sport	Täglich Nachrichten, Kultur	Kurze Nachrichten, v. a. aus Sport und Technik	Nachrichten, Hilfen für Hausarbeiten und Sozialkundeunterricht
Unterhaltungswünsche	Musikshows	Gut gemachte Krimis, Verfilmungen von Romanen	Gute Unterhaltung, Gameshows, viel Zerstreuung vor und nach der Arbeit (Schichten)	Gute Unterhaltung, Gameshows
Gewählte Sender	ZDF, ZDFneo, Phoenix, ARD,	ARD, ZDF, Pro 7, RTL, arte	Pro 7, Kabel 1, Sat 1, Sky	Pro 7, Sky
Durchschnittliche Dauer täglich	3 h 13 min	2 h 48 min	4 h 34 min	2 h 34 min

Halten wir fest:

- Tabellen sind eine Form von Informationsverdichtung und bieten sich immer dann an, wenn man bestimmte Informationen auf einen Blick zugänglich machen möchte.
- Generell gilt, für jede Art von Tabelle: Beim Erstellen muss man sich fragen, welche Informationen in der Tabelle enthalten sein müssen, damit sie sich möglichst eingängig darstellt und das Optimum an Informationen transportiert - weder überladen noch zu dürftig.

2.10 Der Einsatz von Medien in einer Präsentation

Medien sind die Dinge, die „dazwischen" (lat.: medium = Mitte, Mittelpunkt) sind, also die Vermittlung eines Inhalts zwischen Sender und Empfänger ermöglichen. Generell kennen wir bei der Präsentation folgende Medien:

- Die eigene Sprache (z. B. bei Vortrag oder Diskussion)
- Papiere (z. B. Texte, Arbeitsblätter, …)
- Arbeitstafeln (Kreidetafeln, Flip-Charts, Pin-Wände, Whiteboards)
- Dias/Lichtbilder
- Film
- Tonträger (MP3-Player, …)
- Tageslichtprojektor/Visualizer
- Computer, ggf. ergänzt durch ein DrawPad
- Beamer-Präsentation (im Prinzip Kombination Tageslichtprojektor und Computer)
- Arbeitsmaterial/Handreichungen, z. B. Arbeitsblätter mit Grafiken oder Tischvorlagen

Grundsatz ist immer, dass Medien einen Vermittlungsprozess unterstützen und nicht ersetzen sollen („Medien sind Brücken, keine Krücken").

Ein kleiner Einschub zur Wahl geeigneter Schrifttypen und -größen sowie sinnvoller Farben auf Folien und Darstellungen: Was bei Papierunterlagen elegant wirkt (z. B. Serifen-Schriften), kann bei digitalen Präsentationen schnell verschwommen und unklar wirken. Es empfiehlt sich, gerade bei der Verwendung von Blau-, Gelb- und Rottönen und bei kritischen Schriftarten die Wirkung selbst einmal auszuprobieren. Wer z. B. auf einem Papier etwas gelb markiert, wird unter einem Visualizer schnell feststellen, dass das starke Licht die Gelbtöne überstrahlen kann. Auch verschiedene Rottöne können bei einer Präsentation schnell unleserlich ineinanderfließen.

Je nach Vertrautheit der Teilnehmenden mit bestimmten Medien sowie der Komplexität des zu vermittelnden Themas sollten entsprechend geeignete Medien ausgewählt werden. Auf alle Fälle empfiehlt es sich, den Teilnehmenden zumindest eine optische Arbeitshilfe an die Hand zu geben, also entweder eine Folienpräsentation mit Visualizer oder Beamer, ersatzweise eine Präsentation über Tafel oder Flip-Chart, und möglichst auch eine Tischvorlage. Diese Begleitmedien helfen den Teilnehmenden, dem Vortrag zu folgen und sich geeignete Notizen zu machen. Dabei kommt insbesondere der Tischvorlage eine besondere Bedeutung zu. Bei guter Gestaltung dient sie als Fahrplan durch die Präsentation und erlaubt eigene ergänzende Notizen. Und, last but not least, ist sie etwas zum Mitnehmen – ein nicht zu unterschätzender Faktor!

Die beiden besonders beliebten Medien, die im Übrigen als Standard bei den meisten Präsentationen im wissenschaftlichen Kontext gelten, verlangen einer näheren Darstellung, die Tischvorlage und die Folie, als Kunststofffolie (inzwischen eher im Museum zu finden) ebenso wie als PowerPoint-Slide (oder in jeder vergleichbaren Präsentations-Software).

Tischvorlagen sind Papiere, die in Kurzform einige wesentliche Informationen zur Präsentation enthalten und damit auch eine große Überschneidung zum Management Summary bieten. Sie sind auf eine Seite beschränkt, in Schriftgröße 11 oder 12 Punkt mit mindestens 1,25-zeiligem, besser 1,5-zeiligem Abstand, damit sie auf dem Tisch liegend gut lesbar sind. Am besten führt man die Gliederung der Präsentation auf, ergänzt um einige wesentliche Stichworte und Erläuterungen. Auch zwei oder drei wesentliche Quellen zu Vertiefung sind hilfreich. Je nach Hochschulvorgaben können im Kopf zusätzlich Angaben zur

Hochschule und zum Studiengang gemacht werden und im Abschluss Angaben zum Präsentator (Semester, Matrikelnummer, etc.). Ein Muster findet sich im Anhang 1. Wichtig ist, die Tischvorlage auf eine Seite zu beschränken, damit die Teilnehmenden nicht blättern müssen. Damit vermeidet man störendes Papierrascheln und – noch viel wichtiger – ein neugieriges „Vorblättern".

Bei Folien gilt, dass sie die wesentlichen Informationen enthalten und möglichst stichwortartig geschrieben werden. Sie sollten nicht mehr als 8 Zeilen zu maximal 12 Worten enthalten, um für das Publikum leicht erfassbar werden. Als Schriftart empfehlen sich serifenlose Typen (z. B. Arial; Helvetica) in der Mindestgröße von 16, besser 18 Punkt. Als Zeilenabstand sollte 1,5-fach eingestellt werden. Serifenschriften (z. B. Times New Roman, Garamond) lassen sich interessanterweise bei Beamer-Folien relativ schlecht lesen, im Vergleich zu serifenlosen Schriften.

Darstellungen sollten möglichst einfach gehalten werden. Bei Aufzählungen liegt eine kluge Struktur nahe, mit klarer Nomenklatur und Spiegelstrichen bzw. Punkten bei Aufzählungen. Besondere „Effekte" (z. B. „Einfliegen") bei PowerPoint-Präsentationen wird man eher sparsam und durchdacht einsetzen, um nicht übermäßig vom Inhalt abzulenken.

Der besondere Vorteil von Folienpräsentationen ist, dass man bei guter Vorbereitung basierend auf den Stichwörtern in den Folien zum Publikum sprechen kann. Folien werden auf den Tageslichtprojektor so aufgelegt, und analog wird das Laptop für eine Beamer-Präsentation so aufgestellt, dass man nicht gegen die Wand spricht (um dort den Inhalt der Folien abzulesen), sondern direkt zum Publikum, und dabei sowohl das Publikum im Blick hat als auch mit einem leichten Blick zur Seite bzw. nach unten auch den Inhalt der Folien erfassen kann.

Trauen Sie sich auch, einmal eine Diskussion oder Erläuterung, die sich aus einer Rückfrage ergibt, mit einer spontan erstellten Zeichnung an einem Flip-Chart oder einer Tafel bzw. einem Whiteboard zu unterstützen. Denken Sie hierbei an drei Elemente:

- Tafel-/Whiteboard-/Flipchart-Anschriebe dienen dazu, etwas aufzunehmen, für alle zu dokumentieren und damit eine besondere Wichtigkeit zu demonstrieren

- Tafelanschriebe und die „Kollegen" (Whiteboard, ...) sind sehr gut geeignet, etwas gemeinsam mit dem Publikum zu entwickeln – die Darstellungsweisen sollten übersichtlich mit etwas Reserveraum in alle vier Richtungen gestaltet werden
- Übung macht den Meister – mindestens ein-, besser aber zweimal „heimlich" an einem ungestörten Nachmittag oder Abend ausprobieren. Das Schreiben mit Filzmarker bzw. Kreide führt bei vielen oft zu einer schnellen, wenig schönen Schreibweise. Schreiben an Tafel und Flipchart erfordert diszipliniertes Arbeiten, bei dem Buchstaben mindestens 5 cm großgeschrieben und am besten in Form von Druckbuchstaben dargestellt werden –Schreibschrift kann schnell flüchtig und damit für das Publikum unleserlich werden. Kontrollieren Sie den Erfolg Ihrer Übung, in dem Sie anschließend in die letzte Reihe gehen und Lesbarkeit der Schrift sowie Verständlichkeit der Darstellung prüfen

2.11 Die Abschlusskontrolle

Zum Abschluss der Vorbereitungen liegt eine Kontrolle der Planung und vorgesehenen Arbeitsschritte nahe. Diese umfasst die Fragen:

- Sind alle inhaltlichen und persönlichen Ziele berücksichtigt?
- Wo benötigt der*die Referent*in noch Hilfen (z. B. Vorbereitungsliteratur, unterstützende Materialien, Austausch mit Kolleginnen und Kollegen)
- Wo benötigen die Teilnehmenden noch Hilfen oder Unterstützung (z. B. Arbeitsmaterial)?

Die Abschlusskontrolle dient also der Vergewisserung, ob nichts vergessen wurde und ob eine Veränderung naheliegt, z. B. eine Anpassung im Ablauf, eine Verkürzung oder auch Verlängerung oder Vertiefung. Versierte Präsentator*innen überlegen sich zudem für den Fall einer unvorhergesehenen Störung, was bei Bedarf variiert oder weggelassen werden kann.

2.12 Die eigene Vorbereitung

Zur eigenen Vorbereitung gehört neben der fachlichen bzw. inhaltlichen Vorbereitung auch eine Abstimmung auf die Erwartungen des Publikums.

Erstens ist die Bekleidung so zu wählen, dass man sich selbst wohl fühlt und sicher auftreten kann, aber auch dem Publikum gerecht wird. Eine gewisse formale Auswahl ist dazu sehr hilfreich. Besser etwas zu hochgesteckt als zu einfach gekleidet ist die sinnvolle Faustregel. Ein Vorzug der angemessenen Bekleidung: Man fühlt sich sicherer, da man sich ja auch äußerlich gut vorbereitet hat – und diese Sicherheit strahlt auch mehr Kompetenz aus. Gutes Schuhwerk sorgt für straffere Körperhaltung und damit ebenfalls für eine bessere Ausstrahlung. Nicht zuletzt fühlen sich gerade Anfänger*innen in höherwertiger Bekleidung etwas geschützter, sozusagen wie in einer Ritterrüstung. Allerdings sollte man die gewählte Bekleidung bereits vorher ausprobiert haben. Wenn das Sakko zu eng sitzt, die Schuhe drücken oder der umgelegte Schal so lang ist, dass er sich bei jeder Bewegung am Tisch oder in den Armen verheddert, wird man sich schnell wieder unwohl fühlen.

Zweitens ist es hilfreich, rechtzeitig vor der Präsentation die Medien (Funktionsprüfung, Umgang) und die Sitzordnung im vorgesehenen Raum zu prüfen. Geht es um eine reine Inhaltspräsentation, so kann man die Stühle und Tische in sogenannter Parlaments- oder Klassenzimmerbestuhlung lassen. Die Teilnehmenden sitzen mit Blickrichtung auf das Pult bzw. die Präsentationswand in hintereinander gestaffelten, parallel angeordneten Reihen. Soll hingegen im Rahmen der Präsentation eine umfangreichere Bearbeitungsphase (z. B. Diskussionen, persönliche Begegnung) erfolgen, wird eine U-förmige Bestuhlung und Aufreihung der Tische, oder noch besser eine Bestuhlung ohne Tische förderlich sein, damit sich die Teilnehmenden bei der Diskussion oder Gruppenarbeit ansehen können, und vielleicht sogar die Plätze leichter wechseln.

Drittens sollte der Stoff so sicher vertieft sein, dass man relativ frei und sicher zum Publikum sprechen kann. Die in der Schule noch sehr beliebten Karteikarten kann man zur Sicherheit ebenfalls mitnehmen und in Reichweite legen. Sie sollten aber nicht mit angewinkelten Armen und vor das Gesicht gehalten „vorgelesen" werden. Dies wird vor allem am

Anfang eine Herausforderung darstellen, da man keine inhaltlichen Fehler machen und lieber näher an der korrekten Formulierung bleiben
möchte. Diese Vortragsweise wirkt aber schnell wie „Schulmädchen"
oder „Schulbub". Zudem bieten die aktuellen Versionen der verschiedenen Präsentationssoftware-Angebote auch Kommentar- bzw. Notiz-
funktionen, die für das Publikum verborgen bleiben, in PowerPoint
z. B. die sogenannte „Referentenansicht".

Viertens ist es gut, sich der eigenen Rolle auch durch den Auftritt zu
vergewissern. Bei Präsentationen aller Art wird das Publikum sitzen während man selbst vor dem Plenum steht. Mit dieser Erhöhung gegenüber
den Teilnehmenden hat man nicht nur die Runde besser im Blick, sondern kann auch die eigene Rolle symbolisch betonen. Zusätzlich kann
man sich entsprechend der Präsentationsweise gegenüber dem Publikum
bewegen, auf einzelne Fragesteller zugehen, etc. Die eigene Wirksamkeit
ist in relativ hohem Maße von dem eigenen Auftritt abhängig! Ein Tipp:
Geben Sie sich dazu im Kreis Ihrer Kolleg*innen oder Kommiliton*innen Feedback anhand des Musters in Anhang 5.

Fünftens noch ein Wort zur Rhetorik. Rhetorik ist – wie bereits ein-
gangs festgehalten - die Kunst der guten, wirkungsvollen Rede. Und diese
ist von vielem abhängig, auch von der eigenen Persönlichkeit. Was für
den einen Typus eine authentische, anschauliche Rede ist, könnte für jemand anderen zu sehr aufgesetzt und daher künstlich wirken. Die wichtigste Regel ist also „Sei du selbst!", mit allen Stärken und Schwächen,
mit dem eigenen Wortschatz, der eigenen Gestik und Mimik. Als kleine
Tipps können helfen:

- Reden Sie *zum* Publikum, nicht *vor* dem Publikum – schauen Sie
immer wieder Ihre Zuhörerinnen und Zuhörer an, auch wenn sich
diese in das Laptop vertiefen und vermutlich eher ihre Social Media
Feeds verfolgen als Ihren Vortrag (Tipp: suchen Sie sich über den
Raum verteilt drei Personen, die Sie regelmäßig und abwechselnd ansehen, damit lassen Sie automatisch Ihren Blick schweifen und nehmen alle in den Blick).
- Reden Sie so laut, dass Sie die letzte Reihe erreichen – reden Sie mit
der letzten Reihe und nicht allein mit der ersten. Allein diese
Vorstellung hilft Ihnen schon bei einer angemessenen Lautstärke.

- Und suchen Sie aktiv die Gelegenheiten zum öffentlichen Auftreten – auch hier gilt, dass die Übung den Meister bzw. die Meisterin macht!

Und wer mehr wissen will: Der Buchmarkt und das Internet geben eine Vielzahl an einschlägigen Ratgebern her, ebenso wie inzwischen viele Hochschulen Rhetorik-Kurse anbieten.

Literatur

Hartmann, M., et al. (2018). *Präsentieren* (10. Aufl.). Beltz.

Hillebrandt, F. (2024). *10 ChatGPT-Alternativen für 2024, die teilweise besser sind*, Beitrag vom 18.02.2024. www.blogmojo.de/chatgpt-alternative/. Zugegriffen am 19.02.2024.

Reiter, M. (2012). *Studieren mit Erfolg: Perfekt präsentieren*. Schäffer-Poeschel.

Rossié, M. (2004). *Frei sprechen*. List.

Schulenburg, N. (2017). *Exzellent präsentieren*. Springer Gabler.

Seifert, J. W. (2011). *Visualisieren, Präsentieren, Moderieren* (6. Aufl.). Gabal.

Weidenmann, B. (2011). *Erfolgreiche Kurse und Seminare* (8. Aufl.). Beltz.

Wolfangel, E. (2022). *Das sprachgewaltige Plappermaul*, Beitrag vom 16.12.2022. www.spektrum.de/news/maschinelles-lernen-chatgpt-wird-immer-plappern/ 2090727. Zugegriffen am 12.02.2024.

Ziagl (2024). *Microsoft Copilot – Ein Leitfaden für effektive Nutzung*, Beitrag vom 05.04.2024. https://technology-blog.net/microsoft-copilot-ein-leitfaden-fuer-effektive-nutzung/. Zugegriffen am 25.06.2024.

3

Die Gestaltung von Tutorien, Seminaren und Schulungen

3.1 Die Besonderheiten von Lehrveranstaltungen

Tutorien, Seminare und Schulungen dienen der Vermittlung eines bestimmten (anwendbaren) Wissens. Generell gilt für die Begrifflichkeiten:

- *Tutorien* sind vertiefende oder ergänzende Lehrveranstaltungen, die sich an Studierende niedriger Semester wenden und von Studierenden höherer Semester, wissenschaftlichen Hilfskräften oder wissenschaftlichen Mitarbeitenden gehalten werden. Dabei soll der Lehrstoff aus einer vorhergehenden Grundlagenvorlesung oder ähnlichen Veranstaltung nochmals in kleineren Gruppen wiederholt und mit praktischen Übungen vertieft werden. Eine Benotung dieser Tätigkeit findet nicht statt, aber auf Wunsch werden Dienstzeugnisse ausgestellt. Hier müssen Sie als Lehrkraft eine ergänzende Funktion zur Referenzlehrkraft wahrnehmen und oftmals auch zwischen Dozent*in und Studierenden puffern.

© Der/die Autor(en), exklusiv lizenziert an Springer Fachmedien Wiesbaden GmbH, ein Teil von Springer Nature 2025
S. Hillebrecht, J. Grillenbeck, *Tutorien und Seminare vorbereiten und moderieren*, https://doi.org/10.1007/978-3-658-46271-0_3

- **Seminare** sind Veranstaltungen im kleineren Rahmen, die in der reinen Lehre ca. 15–30 Studierende umfassen (in der Realität können es auch mal „ein paar mehr" sein). Studierende zeigen mit eigenen Referaten und ergänzenden schriftlichen Ausarbeitungen, dass sie in der Lage sind, ein relativ eng gefasstes Thema wissenschaftlich zu bearbeiten und zu bewerten sowie die zentralen Ergebnisse den anderen Teilnehmenden schlüssig zu präsentieren. Eine Benotung wird hauptsächlich auf der Basis einer inhaltlich überzeugenden Darstellung (im Sinne von Seriosität, Aktualität und Bandbreite der verwendeten Quellen, zielführendem Argumentieren und kritischem Reflektieren) erfolgen. Weitere Aspekte sind das persönliche Auftreten in der Präsentation (Sicherheit, Überzeugungskraft) und die wissenschaftlich korrekte Arbeit (Einhalten der Zitierregeln, wissenschaftlich tragfähiges Formulieren etc.).

- **Schulungen** sind zeitlich eng gefasste Veranstaltungen, die v.a. von studentischen Initiativen oder bestimmten Dienstleistern an der Hochschule erbracht werden, um Themen wie bestimmte Software-Pakete, Rhetorik oder Bewerbung in kompakter Form zu vermitteln. Dabei können auch Studierende höherer Semester die Lehraufgaben übernehmen.

Unabhängig von der jeweiligen Form gilt für Sie als Präsentatorin oder Präsentator: Sie nehmen eine Doppelfunktion ein. Sie gestalten einen Prozess und Sie vermitteln auch Inhalte. Gerade bei Präsentationen in Seminaren an einer Hochschule wird die Notengebung wesentlich davon abhängen, dass Sie die Lehrperson sowohl von Ihrer fachlichen als auch von Ihrer Prozesskompetenz überzeugen. Und die Beurteilung der Prozesskompetenz wird nicht unwesentlich davon abhängen, wie weit Sie Ihren Kommilitonen etwas auf den Weg geben, das sie von der Nutzung von Facebook, WhatsApp, Tumblr & Co. abhält und vielleicht zu Rückfragen und Diskussionen animiert. Und auch als Lehrkraft bei Tutorien und Schulungen wird Ihr Erfolg und damit Ihr Renommee davon abhängen, wie gut Sie der doppelten Herausforderung gerecht werden. Und Sie sollten auch Kriterien wissenschaftlicher Arbeit beachten, wie sie z. B. bei Voss (2022, S. 83 ff.) oder Oehlrich (2022, S. 27 ff.) dargestellt werden.

3.2   Welche Rolle spiele ich als Lehrperson

Wer sich das erste Mal in der Situation wiederfindet, eine Lehrveranstaltung gestalten zu müssen, fragt sich sicher nach der eigenen Rolle. Lässt man sich duzen oder siezen, gibt man die Expertin oder den Kumpel? Wie holt man sich den sogenannten „Respekt" im Publikum? Auch die gewählte Kleidung wird die Antworten auf diese Fragen vielleicht in irgendeiner Form widerspiegeln. Bei all diesen Überlegungen darf man aber nie vergessen, was eigentlich im Vordergrund steht: Das effektive Vermitteln von Inhalten durch eine geschickte Gestaltung des Lernprozesses (wir erinnern an die eben erwähnte Doppelfunktion).

Aus der Schulzeit erinnern sich vielleicht einige an den Typus des „autoritären Lehrers"; in der anschließenden Berufs- oder Hochschulbildung ist einigen vielleicht der Typus des „lockeren Dozenten" begegnet. Auch Weidenmann (2011, S. 15 ff.) erkennt im Bereich der Erwachsenenbildung vor allem zwei Muster: Die Lernarbeit nach dem Muster „Lehrer – Schüler" bei dem eine herausgehobene Person ihr Wissen wie mit einem Trichter vermittelt, und die Lernarbeit nach dem Muster „Berater – Klient", bei dem sich der Tutor als Begleiter des Lernenden bei seiner Lernreise versteht. Konzepte wie das „Kieler Modell des Lern-Coachings" (Pallasch und Hameyer, 2012, S. 11 ff.) greifen dieses auf. Die Hinweise von Weidenmann können in folgender Weise strukturiert werden (Tab. 3.1):

Tab. 3.1 Gegenüberstellung der beiden Muster der Lernarbeit. (Quelle: Eigene Darstellung nach Weidenmann 2011, S. 15 f.)

Lehrer – Schüler	Berater – Klient
Die Lehrenden „vermitteln" Wissen und Können. Die Lernenden sollen es aufnehmen und übernehmen – ähnlich wie in einer Vorlesung.	Die Lernenden nutzen die professionelle Unterstützung bei ihrem Anliegen, etwas für sich zu lernen, und das ist die Aufgabe von Seminaren und Tutorien: Kursorisch angerissene Themen aus den Vorlesungen in der Interaktion hinterfragen und weiterentwickeln.
+ –	+ –

(Fortsetzung)

Tab. 3.1 (Fortsetzung)

Lehrer – Schüler		Berater – Klient	
Die Lehrenden gewinnen Autorität, Respekt und Kontrolle über das Geschehen und stehen dazu vorne am Pult („ex kathedra")	Die Lehrenden werden für Erfolg und Misserfolg verantwortlich gemacht. Mit den Jahren drohen Routine und Gleichförmigkeit – in ihren Hörsaalbänken.	Die Lehrenden kopiereren mit den Lernenden und die Lernarbeit wird zum gemeinsamen Problemlösen. Spannend sind für die Lehrenden die unterschiedlichen Lernprozesse der Teilnehmenden, z. B. in einer Übung zur konkreten Umsetzung.	Für die Lehrenden ist das Lerngeschehen wenig vorausplanbar. Es ist eine Herausforderung, sich auf die einzelnen Teilnehmenden einzustellen und die Arbeit in der Gruppe zu koordinieren – anhand eigener Erfahrungen und Zugänge wird das Thema jedoch verständlich und umsetzbar.
Die Lernenden haben eine gewisse Sicherheit durch klare Vorgaben und gewinnen Orientierung, z. B. auf Basis ihres Skriptes.	Die Lernenden müssen den Stoff mit wenig Bezug zur eigenen Person und Lebenssituation „pauken". Sie haben wenige Möglichkeiten, den Lernprozess zu steuern, der Stoff wird meist in einer Klausur abgefragt.	Die Lernenden können ihre Arbeit selbst gestalten, können selbst aktiv werden, anhand von selbst gewählten oder vorgeschlagenen Lernaufgaben.	Die Lernenden müssen selbst Verantwortung für das Lerngeschehen übernehmen. Lernen als „Holschuld", das fertige Lernprodukt zeigt, was man verstanden hat.
Die Lernchancen sind abhängig davon, wie gut die Planung zum Vorwissen und den Bedürfnissen der Teilnehmenden passt.		Die Lernchancen steigen durch die starke Eigensteuerung der Lernenden. Die Themen werden aus der eigenen Lebenssituation heraus betrachtet und Wissen deshalb „angeeignet". Erwünschter Nebeneffekt: Die Teilnehmenden lernen, wie man Lernen selbst organisiert.	

(Fortsetzung)

Tab. 3.1 (Fortsetzung)

Lehrer – Schüler	Berater – Klient
Konfliktpotenzial entsteht, wenn die Lernenden mehr Selbstständigkeit einfordern oder am Expertenstatus der Lehrperson zweifeln. Im Konfliktfall werden Anweisungen unterlaufen oder es herrscht extreme Passivität – das kennt man sicher aus der einen oder anderen Vorlesung.	Viele – durch die Schule geprägte – Lernende scheuen Eigenverantwortung und wollen geleitet werden. Die Abstimmungsprozesse in der Lerngruppe sind manchmal aufwendig. Die Lehrenden verhalten sich zu passiv (Laisserfaire), und es ist die Aufgabe der Tutor*innen, hier Beteiligung zu fördern, z. B. durch klug entwickelte Beispiele und Lernaufgaben.

Gerade in der Interaktion von Tutor*innen und Studierenden erscheint es sinnvoller, sich für das Modell Berater-Klient zu entscheiden. Für die Lehrenden ist die Arbeit interessanter und die Lernenden können ihre Einheiten aktiv mitgestalten.

Natürlich verlangt das beiden Parteien einen höheren Arbeitseinsatz ab, als sie es vielleicht aus der Schule gewohnt sind. Allerdings ist die Hochschule der ideale Ort, um diese Gewohnheiten aus der Schulzeit abzulegen – vor allem, um zu lernen, wie man effektiv lernt. Gerade weil die Studierenden der niedrigeren Semester nicht selten direkt von der Schule kommen, kann man hier als Tutor*in ansetzen und den Tutanden den Einstieg in ein selbstständiges Studium erleichtern.

Was heißt das also für die Rolle als Lehrperson? Versuchen Sie ihr Selbstverständnis an dem Typus „Berater" auszurichten. Sie sind zwar nicht für den Erfolg ihrer Teilnehmenden haftbar, haben aber durchaus (buchstäblich) einen „Lehrauftrag" und dieser geht mit gewissen Erwartungen einher.

3.3 Die Festlegung des Themas

Mit der Festlegung des Themas gehen zwei Fragen einher:

a) Was für ein Thema soll behandelt werden?
b) Was ist neu/anders an diesem Thema?

Bei der Frage nach dem besonderen Neuigkeitswert sind Sie gefragt. Es ist Ihre Aufgabe sich zu überlegen, was für Ihre Zielgruppe das besondere Element sein wird, das sie lernen können. Das zu behandelnde Thema ist in der Regel durch die Fragestellung vorgegeben. Bei einer Seminararbeit wird ein bestimmter Themenausschnitt in einen größeren Zusammenhang eingeordnet, wissenschaftlich bearbeitet und mit einer eigenen Bewertung versehen. In der schriftlichen Hausarbeit sollen einzelne Fragestellungen aus der Themenliste der Dozent*innen bearbeitet werden. Die mündliche Präsentation soll zeigen, dass Sie das Thema selbst erarbeitet haben und damit beherrschen, dass Sie sich einer kritischen Diskussion stellen können und vor allem, dass Sie aus Ihrer Arbeit etwas Exemplarisches herausziehen können, anhand dessen Sie die vorgegebene Themenstellung abhandeln können. Die meisten Studierenden werden dabei aus Angst, etwas zu vergessen, „alles" in die Präsentation packen, und hier liegt oft der entscheidende Fehler. Es geht in den allermeisten Fällen nicht darum, alles darzustellen, sondern in einem Themenüberblick die Bandbreite anzureißen und dann anhand eines gut gewählten Beispiels aufzuzeigen, was das Thema so besonders macht. Das erfordert oftmals mehr Nachdenken und sorgfältiges Prüfen, was am Thema so besonders ist.

Bei Schulungen wird man innerhalb von kurzer Zeit Basiswissen zu bestimmten Themen vermitteln, z. B. zur Anwendung von EDV-Programmen, zur persönlichen Darstellung (Rhetorik etc.) usw. Anhand von Grundlagen und deren Anwendung kann man das Wesentliche aufgreifen und zur eigenen Einübung und Vertiefung dem Publikum mit auf den Weg geben. Auch hier geht es darum, das zu erkennen, was eine sichere Ausgangsbasis für die Teilnehmenden darstellt und wie sie es in ihrem Studien- oder Berufsalltag anwenden können.

Bei Tutorien geht es darum, den Lernstoff so aufzubereiten, dass die Vorgabe der Dozent*innen eingehalten werden, man selbst aber als Lehrkraft nicht unbedingt nur formelhaft die Vorlesung wiederholt. Klugerweise greift man dazu die üblichen Stolperfallen auf und zeigt an ihnen, was am Lehrstoff besonders ist.

Bei Tutorien geht es vorrangig darum, etwas eher abstrakt in der Vorlesung Dargebotenes zu hinterfragen und zu verstehen, sowie Anwendungsmöglichkeiten kennenzulernen bzw. zu vertiefen. Exemplarisches Lernen bedeutet, gut gewählte Beispiele kennenzulernen, mit denen der Vorlesungsstoff nachvollzogen und verstanden werden kann. Und hierzu werden Sie Ihre eigenen Erfahrungen ebenso zu Rate ziehen wie die möglichen Erfahrungen Ihrer Zielgruppe – wenn sie z. B. schon vorab Praktika oder Berufsausbildungen absolviert haben oder aus anderen Gründen besondere Einblicke besitzen, z. B. weil die Eltern daheim ein entsprechendes Unternehmen betreiben. Kluge Lehrkräfte stellen daher immer wieder die Frage an ihre Studierenden, welchen Hintergrund sie haben, was sie bereits kennen, wo sie herkommen und warum sie dieses Studium gewählt haben. Und damit sind wir beim nächsten Punkt, der Zielgruppenanalyse, in ihrer Zusammensetzung und Herkunft sowie ihren bisherigen Erfahrungen.

3.4 Die Zielgruppenanalyse

Die Zielgruppenanalyse ist eine Auseinandersetzung mit den Teilnehmenden, ihrer Zusammensetzung und ihren Teilnahmevoraussetzungen (vgl. Hillebrecht, 2002, S. 35 ff.). Sie lässt sich stets in einigen Stichwörtern beschreiben und geht auf folgende Punkte ein:

- Das Alter/die Lebens- und Berufserfahrung (homogene Altersgruppe zwischen 18 und 20 oder übergreifende Altersgruppe zwischen 18 und 35)
- Die Vorbildung: schulische, hochschulische und berufliche Ausbildung
- Der berufliche Hintergrund (Praktika und/oder Berufsausbildung in Industrie, Handel, Dienstleistung, Nonprofit): welche Fachkenntnisse und welche Mentalität sind zu erwarten?
- Die Homogenität der Lerngruppe (relativ ähnlich in Alter, Erfahrung, Bildung oder eher heterogen, im Sinne einer sehr großen Bandbreite an Vorerfahrungen, Bildung etc.)

Darüber hinaus ist zu klären, mit welchen Erwartungen die Teilnehmenden kommen: Wollen Sie etwas aus der Vorlesung vertiefen oder hinterfragen, wollen sie etwas Neues erfahren, wollen sie ihre Ausbildung ergänzen und ausweiten, oder wollen sie einfach nur mit wenig Aufwand

Tab. 3.2 Vorlage zur Zielgruppenanalyse. (Quelle: eigene Darstellung)

Bezeichnung der Zielgruppe	Beschreibung der Zielgruppe (Alter, Ausbildung, Beruf, …)	Motivation zur Teilnahme (Interessen der Teilnehmenden, regionale Herkunft, …)	Interessen der Referent*innen an den Teil - nehmenden	Was kann der*die Referent*in den Teilnehmenden anbieten?

eine Prüfung bestehen? Damit erhalten Sie auch wichtige Informationen zur Motivation der Teilnahme, hinsichtlich der Interessen des Publikums, die Sie z. B. anhand der nachfolgenden Tab. 3.2 präzise bestimmen können. So können Sie sich auch Gedanken machen, inwiefern die Teilnehmenden bereit sind, aktiv mitzuarbeiten oder eher passiv zu konsumieren oder möglicherweise durch „Nebentätigkeiten" den Lehrprozess zu erschweren.

3.5   Die Analyse des Lehrstoffes

In der Analyse des Lehrstoffs greifen Sie vertieft auf die ersten Überlegungen zu den Besonderheiten (aus Abschn. 3.2.) zurück und setzen den Lehrstoff in einen Zusammenhang mit den Voraussetzungen der Teilnehmerschaft. Fragen Sie sich dazu:

- Welche Eigenschaften/Merkmale besitzt der zu behandelnde Stoff aus Teilnehmersicht (was ist wesentlich am Stoff; was hat dieser Stoff an Merkmalen, die sonst kein anderer hat)?
- Welcher Gesamtzusammenhang besteht zu einem übergeordneten Fachgebiet (z. B. bei einer Schulung zur Bedienung von EXCEL die Beherrschung gängiger Software; bei einer Seminararbeit zu Personaldienstleistungen kann das Thema Personalberatung stellvertretend für beratende Personaldienstleistungen sein; bei einem Tutorium zur Kostenrechnung kann die Kuppelprozessrechnung exemplarisch für komplexere Kostenrechnungs-Ansätze sein)?
- Welcher Zusammenhang besteht mit benachbarten Gebieten (z. B. die Beherrschung von EXCEL für Kalkulationsfragen: Anwendung in der betriebswirtschaftlichen Planung und Auswertung)?

Übergeordnet ist also immer die Frage: Was müssen die Teilnehmenden nach dem Seminar wissen? Und dies führt zur Festlegung der Lernziele. Wir unterscheiden vier verschiedene Arten von Lernzielen:

- **kognitive Lernziele** (Wissen, Anwendung von Wissen), d. h. Kenntnisse, Verständnis, Analyse, Synthese, objektive Beurteilung
- **affektive Lernziele** (Einstellungen), d. h. aufmerksam werden, aufnehmen, reagieren, werten (mit subjektiven Einflüssen), charakterisieren; diese Lernziele können zu Handlungsdispositionen führen (z. B. jemandem helfen, den man als hilfsbedürftig wahrnimmt)
- **soziale Lernziele** (soziale Kompetenzen wie Empathie, Arbeit in Kleingruppen bzw. Teams, Abstimmung mit anderen)
- **psychomotorische Lernziele** (handwerkliche Fertigkeiten, Bewegungsabläufe, Techniken)

Je nach Vorwissen des Publikums kann man zudem überlegen, auf welcher Ebene die Lernziele angesiedelt sind (siehe auch Hillebrecht, 2002, S. 40 ff.; Meyerhoff/Brühl, 2016, S. 6 ff.):

- Einfache Anforderungen (z. B. bei Wissen um Kalkulation der Einblick die Vollkosten- und Teilkostenrechnung, bei affektiven Lernzielen zur Wirtschaftsethik Wissen um verschiedene Ansätze der Wirtschaftsethik)

- Mittlere Anforderungen (z. B. bei Wissen: Kenntnisse der verschiedenen Kostenrechnungsarten und ihre Anwendung; bei affektiven Lernzielen zur Wirtschaftsethik die Bereitschaft, Managemententscheidungen auch unter ethischen Gesichtspunkten zu prüfen)
- Höhere Anforderungen (z. B. bei Wissen um Kostenrechnung die eigenständige Analyse von kostenrechnerischen Anwendungsbeispielen im Hinblick auf Plausibilität und Eignung; bei affektiven Lernzielen zur Wirtschaftsethik die Diskussion einer kritischen Frage und die Ableitung einer situationsgerechten Entscheidung)

Mit der Festlegung der Lernziele vergewissert sich die Lehrkraft, dass sie die wesentlichen Vorgaben des Tutoriums, des Seminars oder der Schulung erfüllt. Dabei kann das Analysetableau in Tab. 3.3 eine gute Hilfestellung leisten.

Tab. 3.3 Analysetableau zur Definition von Lernzielen. (Quelle: eigene Darstellung, auf Basis von Hillebrecht, 2002, S. 40 ff.)

Was ist neu/anders? Beschreibung: Was sollen die Teilnehmenden nach der Teilnahme neu/besser können/wissen/ …	Grundkenntnisse	mittlere Anforderungsstufe	hohe Anforderungsstufe
kognitive Lernziele (Wissen, Anwendung von Wissen)			
affektive Lernziele (Einstellungen)			
soziale Lernziele (soziale Kompetenzen)			
psychomotorische Lernziele („Ausführung": handwerkliche Fertigkeiten, Bewegungen, …)			

3.6   Die Feinplanung des Lehrstoffs

Die Feinplanung des Lernstoffs ist die Umsetzung aller Vorarbeiten. Anhand der inhaltlichen Vorgaben, der jeweiligen Zielgruppe und der daraus abgeleiteten Lernziele überlegt man sich, in welcher Form der Vermittlungsauftrag am besten umgesetzt wird (siehe auch Meyerhoff & Brühl, 2016, S. 10 ff.).
Im akademischen Kontext sind dabei besonders gebräuchlich:

- Das analytische bzw. deduktive Vorgehen: Am Anfang gibt man einen Überblick über das Thema, verleiht also eine allgemeine Struktur (Was gibt es alles? Was ist wesentlich?); diese kann man im weiteren Verlauf anhand eines oder mehrerer Beispiele vertiefen, was insbesondere bei Seminararbeiten üblich ist und von den Dozent*innen meistens erwartet wird;
- induktives Vorgehen: ein Beispiel wird als Problemfall behandelt und eingehend analysiert, davon ausgehend können allgemeine Grundsätze aufgestellt werden (diesen Ansatz kennen Sie vermutlich aus dem schulischen Bereich, er ist besonders gut geeignet bei Schulungen und Tutorien, wozu ein Beispiel aus der beruflichen Praxis gewählt wird, das möglichst authentisch erscheint; bei Seminararbeiten kann dies eher kritisch werden und wird v.a. von Dozent*innen angenommen, die mit dem akademischen Arbeiten im anglofonen Kontext vertraut sind)
- Modellbildung: Entwurf/Vorstellung eines grundsätzlichen Modells mit möglichst wenig Eigenschaften: Was ist daran wesentlich? Sodann Erweiterung des Modells entsprechend der eigenen Erfahrungen und Erkenntnisse (dieses Vorgehen besitzt Ähnlichkeiten mit dem induktiven Vorgehen)

Je nach Größe der Lerngruppe und der Form der gewünschten Mitarbeit wird man ein geeignetes Vorgehen entwickeln. Dazu kann man entsprechend eine Vortragsform wählen:

- frontaler Vortrag (Vortrag, klassische Sender-Empfänger-Vermittlung), gut geeignet für die Bekanntmachung mit neuem Stoff
- teilnehmerorientiertes Arbeiten mit Fallstudien, Anwendungsbeispielen etc. (das Publikum erarbeitet möglichst viel selbst), gut geeignet für Transferleistungen;
- Mischformen: z. B. fragend-entwickelnd: Stellen von präzisen Fragen, die präzise beantwortet werden sollten, wobei der Lösungsraum schrittweise erweitert werden kann.

Zudem macht man sich auch über die sog. „Sozialform" Gedanken, also die Gruppenzusammensetzung, in Form von:

- Plenum/Gesamtgruppe: z. B. Vortrag durch Dozent*in/Referent*in, die Teilnehmer*innen können höchstens Zwischen- und Verständnisfragen stellen oder Diskussion in der gesamten Gruppe (Sonderformen wie Open Space, Moderation, …)
- Gruppenarbeit: Einteilung der Teilnehmenden in verschiedene möglichst gleich große Gruppen, denen bestimmte Aufgaben zugewiesen werden (Kleingruppen: 3 bis 6 Teilnehmende, Großgruppen: 7 und mehr Teilnehmende, wobei oft die Gefahr existiert, dass Großgruppen in Untergruppen zerfallen)
- Partnerarbeit: Bestimmung von Zweier-Gruppen, die bestimmte Aufgaben bearbeiten
- Einzelarbeit: Jede*r Teilnehmer*in soll für sich einen bestimmten Auftrag bearbeiten

Hilfreich ist es gerade bei einem Arbeitszeitraum von mehr als 45 min, mehrere Sozialformen miteinander abzuwechseln (siehe auch Meyerhoff & Brühl, 2016, S. 66 ff.), also vor allem bei Schulungen und Tutorien. So können z. B. nach einer Einführungseinheit in der ganzen Gruppe Arbeitsaufträge für Partnerarbeit gegeben werden und diese Ergebnisse bzw. Fragen dazu nach einer definierten Arbeitszeit im Plenum vorgestellt werden.

Die Auftragsvergabe kann als Parallelarbeit (alle erhalten den gleichen Arbeitsauftrag) und als divergierende Arbeit (jede teilnehmende Person bzw. jede Gruppe erhält einen anderen Auftrag) erfolgen. Dies hängt von der Vertrautheit der Teilnehmenden mit dem zu vermittelnden Themengebiet ab. Je tiefer die Teilnehmenden im Stoff stecken, desto eher bietet sich ein divergierender Auftrag an. Denn bei den hierbei erzielten Ergebnissen können Unterschiede und Übertragungen leichter aufgenommen werden. Wichtig ist: je stärker auf die Eigenarbeit der Teilnehmenden gesetzt wird, desto besser muss die Unterstützung der Teilnehmenden sein, z. B. durch Arbeits- und Präsentationsmaterialien (Folien, Flip-Charts, Pin-Wände u. a.; siehe auch Hey, 2018, S. 70 ff.) und durch begleitende Informationen (z. B. vorhergehender Impuls: Leittexte, Nachschlagewerke, Internet-Zugang etc.).

Als Arbeitsform verfügen Sie über:

- Vortrag: Gut zum Überblick oder Einblick in ein bestimmtes Thema (als „Impuls"), sollte möglichst nicht zu lange gehalten sein, maximal 30 bis 45 min, und möglichst immer durch weitere Medien (Tischvorlage, PPT-Folien etc.) unterstützt werden
- Diskussion: Gut zum Meinungsaustausch und zur Reflexion, erfordert aber eine straffe Diskussionsführung, sollte zeitlich nicht über 30 bis 45 min Dauer angelegt werden aufgrund eines Ermüdungseffektes, diese Arbeitsform verpflichtet Sie stets zur Unterbindung von „Koreferaten", da diese von anderen Teilnehmenden zumeist als störend empfunden werden
- Simulationen (Rollenspiel, Fallstudie, Planspiel): Gut zur Übertragung auf eigene Fragestellungen, aber auch als Seminareröffnung, um Betroffenheit/Praxisbezug im Auditorium zu erzeugen
- Aktionen: z. B. Punktierung, Abstimmung, Präsentationen, Lockerungsübungen (als Möglichkeit, Commitment in der Teilnehmergruppe herzustellen und Abwechslung zu erzeugen. Nicht länger als 10 bis 15 min ansetzen und nicht als „pure Spielerei" planen!)

Grundsätzlich gilt: Abwechslung in der Form erhält die Spannung/ Aufmerksamkeit, sollte aber nicht zu wild/unkontrolliert („Aktionismus") erfolgen.

Die einzelnen Arbeits- und Sozialformen werden in einen Ablauf- bzw. Zeitplan umgesetzt.

3.7 Die Ablauf- und Zeitplanung

Mit einem Ablauf- und Zeitplan erstellen Sie sich einen Fahrplan für Ihre Veranstaltung. Sinnvoll ist ein Vierer-Schritt:

i. Aufmacher: So ist die Situation/das Problem/das lernen wir heute (Doppelfunktion: Bekanntmachung des Themas und Beteiligung der Teilnehmenden)
ii. Das müssen wir dazu wissen
iii. So können wir es anwenden
iv. Überprüfung des Gelernten („Lernzielkontrollen")

Hilfreich ist die Planung anhand der in Tab. 3.4 dargestellten Mustertabelle.

Tab. 3.4 Muster für einen Zeit-/Ablaufplan – das Beispiel Tutorium Kostenrechnung. (Quelle: eigene Darstellung)

Zeitraum	Inhalte	Methoden und Medien	Anmerkungen
10.00 Uhr	Einführung in die Vollkostenrechnung - Schema auflegen - Anwendung erläutern	Impuls mit Folien im Plenum	Verweis auf weitere Verfahren wie Teilkosten
10.15 Uhr	Erste Arbeitsaufgabe vorrechnen - Beispiel präsentieren - Rückfragen zum Verständnis - Schritt für Schritt vorrechnen - Abschließende Frage zum Verständnis	Impuls mit Folien und Arbeitszettel	Nur erste Aufgabe ausgeben
10.30 Uhr	Drei Arbeitsaufgaben in Partnerarbeit	Arbeitsblatt 2, in Partnerarbeit	Arbeitsblatt ausgeben, anschließend bei den einzelnen Arbeitsgruppen herum gehen und Hilfestellung anbieten
10.50 Uhr	Abfrage der erzielten Ergebnisse, Aufklären von Rechenproblemen	Plenum, Aussprache,	Musterlösungen auf Folie bereit halten

In der dritten Spalte wird neben anzuwendender Methoden auch auf Medien hingewiesen. Medien unterstützen die Vermittlungsleistung. Generell können Präsentatoren und Lehrkräfte über folgende Medien verfügen:

* Die persönliche Stimme (z. B. bei Vortrag oder Diskussion)
* Papiere (z. B. Texte, Arbeitsblätter, …)
* Dias/Lichtbilder
* Film auf DVD, ggf. auch online abgerufen
* Tonträger (MP3-Player, CD-Spieler,)
* Tageslichtprojektor
* Computer
* Beamer-Präsentation (im Prinzip Kombination Tageslichtprojektor und Computer)
* Weiteres Arbeitsmaterial und Handreichungen (z. B. bei Inhaltsanalysen die Vorlagen)

Medien dürfen nicht für sich stehen, sondern sollen Lernprozesse unterstützen. Ihr hilfreicher Einsatz ist wesentlich davon abhängig, dass man sie beherrscht. Es ist besser, wenige Medien einzusetzen, die man gut kennt, als eine Bandbreite auszuschöpfen, die man nicht souverän verwenden kann. Das sollte einen aber nicht davon abhalten, das eine oder andere auszuprobieren. Ein Tipp: In Hochschulen besteht oftmals die Möglichkeit, am späteren Nachmittag einen nicht genutzten Seminarraum dafür zu verwenden. Insbesondere sollte man sich in den Vortagen mit dem Raum und der dort vorhandenen Technik auseinandersetzen, wenn man eine Seminararbeit präsentieren soll. Es führt immer wieder zu unangenehmen Überraschungen, dass z. B. eine PowerPoint-Präsentation aufgrund irgendwelcher Unverträglichkeiten des eigenen Laptops mit dem später verwendeten Laptop „in die Hosen geht" – ärgerliche Zwischenfälle sind praktisch vorprogrammiert. Zudem hat man immer einen Plan B in der Tasche, z. B. einen USB-Stick, der die PowerPoint-Präsentation auch als PDF-Datei enthält, einige Arbeitsblätter, einen Ausdruck der eigenen Präsentation etc.

Hat man den Plan fertiggestellt, wird man nochmals alle relevanten Punkte überprüfen, ggf. auch wie benannt die Technik ausprobieren und sich auf einen Plan B vorbereiten. Außerdem kann man sich Gedanken machen, wie man den Erfolg der eigenen Vermittlungsarbeit überprüft. Schließlich lebt die präsentierende Person davon, dass das Publikum reagiert, etwas mitnimmt und ggf. auch weiter entwickelt. So kann man zum Beispiel:

- Auf Rückfragen warten, mit denen man erkennt, was die Teilnehmenden beschäftigt, und was sie ggf. nicht verstanden haben;
- Die Eigenarbeit der Teilnehmenden beobachten, z. B. die Ergebnisse von Arbeitsblättern und Arbeitsaufträgen, die Resultate von Planspielen etc.; dabei kann man verfolgen, welche Ergebnisse erzielt werden und welche Probleme und Unsicherheiten beim Bearbeiten erkennbar sind.

Rückfragen sind also weniger als ein Problem, sondern eher als positives Feedback zu sehen. Sie zeigen, dass die Teilnehmenden bei der Sache sind und vor allem wo sie gerade stehen. Als Präsentatorin oder Präsentator kann man an dieser Stelle gut die gefragten Dinge aufnehmen und nochmals aus einer anderen Perspektive entwickeln. Dabei kann man auch durchaus durch gezieltes Nachfragen das Problem vertiefen und hinterfragen. Oder man übergibt die Beantwortung von Fragen aus dem Teilnehmerkreis an die anderen Teilnehmenden, um zu sehen, ob andere ähnliche Probleme haben bzw. in welcher Form sie den Inhalt verstanden haben. Dies gibt Ihnen zum einen die Zeit, selbst nochmals das eigene Lehrverhalten zu überprüfen (habe ich mich missverständlich ausgedrückt?), zum anderen eine zusätzliche Aktivierung der Teilnehmenden vorzunehmen. Auch hier gilt ähnlich wie in einer Moderation: Die Arbeitsgruppe ist zunächst einmal Stütze und Hilfe!

3.8 Besonderheiten der Arbeit in Einzel- und Gruppenarbeit

Die Arbeit in Einzel-, Partner- und Kleingruppen unterliegt einigen Besonderheiten. Zunächst einmal ist sie eine Entlastung für die Vortragenden, da die eigene Arbeit der Teilnehmenden im Vordergrund steht. Es gibt dazu verschiedene Vorgehensweisen:

- gleichartige Aufträge (ein gleicher Auftrag für alle) vergeben
- oder auftragsverschiedene Aufträge (jede Gruppe erhält unterschiedliche Aufträge, die im zeitlichen Aufwand ähnlich, in den inhaltlichen Vorgehens- und Ergebniszielen aber unterschiedlich, möglichst aufeinander aufbauend sind)

Die Auftragsvergabe kann durch verbale Ansage oder auch mediengestützt (z. B. Folien, Arbeitsblätter, Flip-Chart) erfolgen. Je nach Umfang der Arbeitsgruppen und des Arbeitsauftrages sollte man hier zwischen 10 und 45 min einräumen. Als Faustregel gilt: Je größer die Arbeitsgruppe, je komplexer der Auftrag, desto mehr Zeit benötigen die Arbeitsgruppen zur Selbstfindung und Themenstrukturierung.

Als Lehrkraft nutzen Sie die Zeit zunächst einmal für eine kurze Verschnaufpause. Nach ca. fünf Minuten können Sie bei den einzelnen Arbeitsgruppen herum gehen und nachsehen, ob es Verständnisprobleme gibt. Wer zu schnell eingreift, wird den Gruppen die Chance nehmen, sich zunächst einmal selbst auf die Problemlösung einzulassen. Wenn Sie später nach Verständnisproblemen fragen, ist womöglich bereits zu viel Zeit verstrichen, um die Aufgabe noch sinnvoll zu Ende zu bringen. Sofern keine Unterstützung benötigt wird, nutzen Sie die Zwischenzeit zum einen dafür, das weitere Vorgehen nochmals zu durchdenken, zum anderen auch für die Beobachtung der Gruppendynamik. Hier erhalten Sie interessante Hinweise zu den Leistungstragenden unter Ihren Teilnehmenden.

Gruppenarbeiten erfordern es, zum Abschluss die erzielten Ergebnisse in geeigneter Form in die Großgruppe zurückzubringen. Die anderen Gruppen wollen oft ihre eigenen Ergebnisse mit denen der anderen vergleichen. Und Sie als Lehrkraft müssen die Ergebnisse hinsichtlich der Qualität beurteilen. Dazu können Sie auf folgende Formen zurückgreifen, die sich relativ gut in jedem Vorlesungsraum umsetzen lassen:

- Präsentation der Ergebnisse in Kurzreferaten von ca. ein bis zwei Minuten: Wie war das Vorgehen, welche Ergebnisse wurden erzielt? (ein guter Ansatz, wenn man nur wenige Arbeitsgruppen hat, da sich nach ca. fünf bis sechs Präsentationen schnell eine Ermüdung ergibt)

- Infomarkt: jede Arbeitsgruppe fertigt zu ihren Ergebnissen ein Präsentationsmedium (z. B. Flip-Chart, Pinnwand-Papier) und stellt dies im Raum aus, mit der Einladung an die anderen Gruppen, die einzelnen Ergebnisse zu betrachten und ggf. auch zu ergänzen; hierzu müssen bei jedem Gruppenergebnis entsprechende Stifte (am besten in abweichenden Farben) bereit liegen und möglichst auch einzelne Vertreter der jeweiligen Arbeitsgruppe für Erläuterungen am Arbeitsergebnis verbleiben (dieser Ansatz bietet sich insbesondere bei umfangreicheren Arbeitsergebnissen und einer größeren Anzahl an Arbeitsgruppen an und erfordert ca. 20–30 min Dauer, nebenbei wird durch das Umhergehen ein gewisser Auflockerungseffekt verursacht)

Mit der Präsentation der Ergebnisse und ggf. einer Aussprache dazu ist der Arbeitsschritt für alle Teilnehmenden sichtbar abgeschlossen, und es kann zum nächsten Arbeitsschritt übergeleitet werden.

3.9 Gutes Feedback geben

Besonders im sogenannten Lehrgespräch (die Lehrperson baut die Lehrveranstaltung als Gespräch mit dem Plenum auf, der Fortschritt wird gemeinsam als Gruppe erarbeitet) ist gutes Feedback an die Teilnehmerinnen und Teilnehmer besonders wichtig. Wie also reagiert man produktiv auf Wortmeldungen aus der Lerngruppe?

Man neigt als Leiterin oder Leiter einer Lerngruppe dazu, Beiträge der Teilnehmenden direkt mit „Danke!", „Richtig!" oder „Stimmt!" zu kommentieren. Weidenmann (2011, S. 24 ff.) schreibt zu diesem Thema, „Motivieren durch Loben" sei eine zu einfache Sichtweise. Menschen reagieren ihm zufolge unterschiedlich auf Lob; manchmal könne Lob sogar demotivieren, „wenn jemand etwas schon gerne und aus eigenem Antrieb tut" (S. 74).

Es ist laut Weidenmann (2011, S. 24 ff.) besser, den Teilnehmerinnen und Teilnehmern den Grund mitzuteilen, warum ein Beitrag wichtig ist. Statt Floskeln zu verwenden sollte man ihm zufolge also konkret werden: Wird ein Gedankengang weitergeführt? Wird ein neuer Gesichtspunkt in die Diskussion eingebracht? Wird ein vorheriger Beitrag ergänzt? Hilft der Beitrag weiter? Sollte man sich das Argument genauer ansehen? Lautet die Antwort auf derartige Fragen Ja, sollte man das auch konkret aussprechen. Auf diese Art und Weise bewertet man den Beitrag an sich und nicht die Bemühungen der Person. Das motiviert Erwachsene am meisten dazu, sich zukünftig weiter in der Lerngruppe zu engagieren.

Doch was tun, wenn nach einer Frage niemand antwortet? Der wichtigste Tipp: Abwarten. Meistens müssen die Teilnehmenden schlichtweg noch ein bisschen nachdenken. Denken Sie dabei an Ihre eigenen Erfahrungen aus Seminaren und Vorlesungen: Schnellt Ihre Hand immer direkt nach oben, kaum dass die Seminarleiterin oder der Seminarleiter die Frage beendet hat? Vermutlich nicht. Sie denken nach, schauen sich nach den anderen Teilnehmenden um, fassen einen Entschluss, zögern noch mal und melden sich erst dann zu Wort. Diese Zeit sollten Sie auch Ihrer Lerngruppe einräumen. Durch gelassenes und geduldiges Abwarten signalisiert man Vertrauen und Interesse.

Sollte sich dennoch auch nach längerer Zeit niemand melden ist es wichtig, den Grund für das Schweigen zu erörtern. Mit einer offenen Frage kann man die Teilnehmenden dazu ermuntern, zu äußern, was ihnen Schwierigkeiten bereitet. Ein Einfaches „Wie kann ich Ihnen helfen?" eignet sich dafür sehr gut, da es nicht vorwurfsvoll interpretiert werden kann. Im Normalfall wird man dann schnell erfahren, ob der Arbeitsauftrag ungenau gestellt, oder die Frage schlichtweg noch zu anspruchsvoll war.

In Gruppen- oder Einzelarbeiten ist die Feedback-Situation natürlich eine andere. Hier Arbeiten die Teilnehmenden für sich, ohne die Lehrperson. Einige Empfehlen den Gruppenleiterinnen und -leitern, ihre Hilfe anzubieten, aber im Raum sitzen zu bleiben. Wieder andere gehen lieber durch den Raum und zeigen auf diese Art Präsenz und Ansprechbarkeit. Hierbei wird jede und jeder sicherlich einen eigenen Stil entwickeln, je nach persönlichen Erfahrungen und dem Bedarf in der Lerngruppe.

3.10 Tipps und Werkzeuge für die Online-Lehre

Wir haben es bereits in Abschn. 2.1 angesprochen, seit Jahresmitte 2020 sind digitale Lehre und digitale Lehrplattformen an den Hochschulen im deutschen Sprachraum breit vertreten. Prinzipiell können digitale Anwendungen wie ZOOM, MS Teams, Webex und Adobe Connect (um gängige Anwendungen beispielhaft zu nennen) ähnliche Vermittlungssituationen wie Präsenzlehre verschaffen:

- Es gibt die Möglichkeit, alle Teilnehmenden mit Bild und Ton zu versammeln.
- Es gibt eine Interaktionsfunktion (z. B.: Chat, Kommentar, Hand heben, „schneller", „langsamer", usw.), diese schließt in den meisten Fällen auch den Austausch von Dokumenten in unterschiedlichem Umfang mit ein. Hier ist es sinnvoll, in der ersten oder zweiten Stunde schon mal auf diese Funktion hinzuweisen und z. B. mit einer Abstimmung über eine technische Frage dafür zu sorgen, dass die Teilnehmenden die Funktionen aktiv wahrnehmen und einzusetzen bereit sind
- Es können Dokumente aller Art eingeblendet werden, von Folien über Handouts bis hin zu Online-Quellen, wobei sich hierfür dann auch die Verwendung von mindestens zwei Bildschirmen und einem ergänzenden Zeichen-Pad empfiehlt; sofern man verschiedene Dateien (z. B. ein bis zwei PowerPoint-Dateien, eine EXCEL-Tabelle etc.), kann man diese aufrufen und bis zur Verwendung „runter klicken".
- Über eine Whiteboard-Funktion können mithilfe der Maus oder eines digitalen Stiftes auch direkt Texte und/oder Zeichnungen entwickelt werden; hier sollten ein paar Übungseinheiten erfolgen, um Sicherheit im Umgang zu gewinnen (z. B. das Hin- und Herschalten zwischen Zeichenfunktion und Radierfunktion, der Wechsel zwischen verschiedenen Farben und Schriftstärken).
- Die moderierende Person kann für alle Teilnehmenden auch Vorgaben machen, z. B. den Ton ausschalten („muten", bei ZOOM z. B. über

die Funktion „alle stummschalten") – eine sehr sinnvolle Einrichtung, um Nebenunterhaltungen zu unterbinden.

- Sollte man selbst aus der Übertragung herausfallen, weil z. B. die Datenübertragung instabil wird, bleibt normalerweise das digitale Meeting bestehen und das System ernennt jemand anderen zum Host.

- Hilfreich ist es, zumindest zwei Bildschirme zu verwenden, einen für das Management des Digitalmeetings (einlassen von Teilnehmenden, Freigabe und Rücknahme von Freigaben, Chat-Funktionen) und einen für die Präsentation als solche. Bei einer „gemischten" Veranstaltung (d. h. Präsentation vor einem Publikum im Raum, bei gleichzeitiger digitaler Übertragung) ist zumeist die Präsentationswand als zweiter Bildschirm hinterlegt.

- Wer mit einem Visualizer arbeitet, sollte testen, inwieweit ein akzentuierter Einsatz der Hände mehr Leben in die Präsentation bringt.

Im Gegensatz zu Präsenzlehre gilt:

- Teilnehmende können ihr Bild ausblenden und damit auch für die lehrende Person nicht mehr so gut „kontrollierbar" und damit auch erreichbar sein; damit wird es auch schwieriger zu bemerken, wenn Teilnehmende „aussteigen" oder auch etwas anderes machen.

- Gerade bei größeren Teilnehmerzahlen wird oft auch zum Schutz der eigenen Datenverbindung das Bild ausgeschaltet – das muss akzeptiert werden, weil sonst die Datenverbindung technisch überlastet und damit gekappt werden kann.

- Allerdings bedeutet die digitale Übermittlung meistens eine Latenz in der Wahrnehmung der anderen; d. h. dass die Übertragungszeit für eine ungewohnte, kurze Zeit die Ton-Übermittlung und die visuelle Übermittlung verzögert. Damit zeigen Mimik und Gestik nicht sofort, ob die Gegenseite verstanden hat, was gesagt wurde, und wie es gesagt wurde – digitale Lehre ist damit mental deutlich anstrengender als Präsenzlehre.

- Vorteilhaft ist aber, dass die Gruppenbildung leichter möglich ist. Am Beispiel ZOOM: das Einrichten einer „Breakout-Session" und die Zuordnung von Teilnehmenden kann von Hand gestaltet werden oder auch automatisch in gleich große Gruppen nach dem Zufallsprinzip.

Man kann sich als Host in einzelne Gruppen einschalten und auch zwischen den Gruppen hin- und herwechseln und über die Chat-Funktion auch Nachrichten an alle Teilnehmenden schicken, z. B. um das Ende der Breakout-Session in zwei Minuten anzukündigen oder ergänzende Informationen zu verteilen

- Man muss sich darüber im Klaren sein, dass sowohl lehrende als auch teilnehmende Personen die Veranstaltung mitschneiden können, von daher sollte am Anfang immer ein Hinweis auf diese Möglichkeit erfolgen, verbunden mit dem Hinweis, bei fehlendem Einverständnis das Bild auszuschalten und sich beim nächsten Mal vielleicht auch mit einem Alias-Namen einzuloggen (was dann allerdings auch die Kontrolle der Zugangsberechtigten einschränkt).

- Wer den anderen Teilnehmenden keinen zu privaten Einblick in die eigenen Lebensumstände geben möchte, sollte den Hintergrund entweder frei räumen oder aber eines der angebotenen Hintergrundbilder der Hochschule verwenden. Und immer daran denken: Einzelne Anbieter von digitalen Plattformen können die Kamera der Nutzenden quasi im 180-Grad-Winkel zur digitalen Analyse der Nutzungsumgebung einsetzen – peinliche oder anderweitig schützenswerte Gegenstände also *hinter* den Bildschirm des Laptops bzw. die Kamera stellen!

- Es gilt eine Digi-Quette, also eine digitale Etikette, die u. a. besagt, dass zumindest ein sauberes Oberteil zu sehen ist und niemand der Teilnehmenden während der Veranstaltung isst – Wasser trinken ist natürlich etwas anderes und nach längerem Sprechen durchaus notwendig.

- Ob jemand lieber in das Mikrofon des Laptops spricht oder mit Headset arbeitet, sollte ausprobiert werden. Für die einen ist der Komfort wichtiger, für die anderen die Möglichkeit, nicht so laut sprechen zu müssen.

- Es ist klug, Pausen nach ca. 45 min einzuplanen – digitales Lernen und Zusammenarbeiten ist anstrengender als Zusammenarbeit in Präsenz.

- Und besonders klug ist es, jemand anderen aus dem Kreis der Teilnehmenden zum Co-Host zu ernennen: Wenn man selbst aus der Leitung fliegt, muss es jemanden geben, der einen wieder zulassen kann, wenn man es selbst nicht schafft (oder auch jemanden, der per Mobiltelefon erreichbar ist und den anderen sagen kann, was Sache ist – das erneute Zuschalten dauert meistens ein bis zwei Minuten …)

Auch wenn noch nicht viele Lehrbücher zum Thema digitale Lehre existieren (wir empfehlen: Eckert, 2021; Schäfer, 2020), kann man an vielen Hochschulen auf gute Handreichungen zurückgreifen.

Was sicher für viele ein Thema sein wird: der Datenschutz. Die meisten Angebote kommen aus dem Ausland, sodass man nicht auf die Anwendung des deutschen Datenschutzrechts vertrauen darf. Es ist also klüger, im Einzugsbereich der Kamera keine vertraulichen oder privaten Dinge zu präsentieren und auch nicht unbedingt schutzwürdige Themen am Mobiltelefon oder mit den Mitbewohnern auszutauschen. Selbst wenn das Mikrofon ausgeschaltet ist und man damit für die anderen Teilnehmenden nicht zu hören ist, heißt das nicht zwangsläufig, dass das Mikrofon nicht mithört.

3.11 Schwierige Situationen meistern

„Schwierige Situationen" – ein Sammelbegriff für verschiedene Situationen, in den eine lehrende Person erstmal überlegen muss, wie es weiter gehen kann. Im Prinzip können diese vier verschiedenen Typen zugeordnet werden:

- Technische Störungen, weil Präsentationsmedien ihren Dienst versagen oder irgendwie verschwunden oder unbrauchbar sind
- Soziale Störungen zwischen Teilnehmenden oder zwischen Teilnehmerschar und Vortragenden
- Inhaltliche Störungen, weil z. B. Rechenfehler auftreten, einzelne Folien fehlen usw.
- Interne Schwierigkeiten der Vortragenden, z. B. wegen Aufregung oder weil etwas vergessen wurde oder auch weil einem die Gesundheit einen Streich spielt (z. B. akute Unterzuckerung)

Es gibt keine Dozentinnen und Dozenten, denen nicht mal irgendeine Sache passiert ist, und selbst erfahrene Hochschullehrerinnen und –lehrer erleben immer mal wieder unvorhergesehenes. Allerdings kann mit etwas Routine sicher manche Störung leichter bewältigen als „Frischlinge". Außerdem: Störungen helfen, mehr Sicherheit im Vortragen zu gewinnen, weil eine erfolgreiche Bewältigung der Störung das eigene Selbstbewusstsein stärkt.

Drei der vier genannten Störungen lassen sich mit einer gewissen Flexibilität bewältigen:

- Wenn technische Störungen vorliegen, kann ein Ausweichen auf andere Präsentationstechnik (z. B. die gute alte Tafel bzw. der Nachfolger Whiteboard, wenn der Beamer ausfällt) helfen; anfällige Laptops sind selten geworden, und in Zeiten von hochschulinternen Clouds sollten auch verschwundene Unterlagen leicht beschaffbar sein; auf alle Fälle sollte man bei den ersten Terminen immer ein paar Minuten vorher da sein, die Funktion prüfen und auch immer den Raum dahingehend prüfen, welche Ersatztechnik einsetzbare wäre, wenn die Haupttechnik ausfällt
- Inhaltliche Störungen liegen im Ermessen der Vortragenden: wer sich plötzlich nicht ganz sicher ist, kann sich aus dem Publikum helfen lassen, weil meist jemand dabei ist, der mitdenkt und einem weiterhelfen kann – sich darauf zu verlassen, hat schon öfters geholfen!
- Interne Schwierigkeiten sind ebenfalls sehr selten – wer „unpässlich" ist, bittet um Entschuldigung, bricht die Veranstaltung ab bzw. kündigt an, dass er oder sie fünf Minuten zurück ist; das wird zumeist akzeptiert, und gerade Tutorinnen und Tutoren haben da sehr viel Kredit bei ihrem Publikum, es sind ja auch „nur Studierende wie wir"

Schwierig wird es bei konfliktären Auseinandersetzungen zwischen Studierenden untereinander. Hier sollte die Veranstaltung unterbrochen werden, die Kontrahenten angesprochen werden, ihren Streit doch bitte vor der Türe auszutragen und dann im Publikum Hilfe zu suchen („oder interessiert das hier jemanden?"). Wichtig ist, sich die Unterstützung des Publikums zu suchen und nicht den Konflikt auf sich zu ziehen. Ähnliches ist es, wenn die Tutorin oder der Tutor selbst angegriffen wird: was sich nicht mit einer humorvollen Entgegnung oder mit einer sachlichen Richtigstellung bewältigen lässt, in das Publikum spiegeln und dort Hilfe suchen, aber niemals einen Konflikt selbst eskalieren – hierbei kann man nur verlieren.

Weidenmann (2011) hält die sogenannte „Arbeitsfähigkeit" für das höchste Gut bei der Konfliktlösung in Seminaren. Im Folgenden soll kurz das von ihm erarbeitete Werkzeug „Was tun in schwierigen Situationen?" (Weidenmann, 2011, S. 195) vorgestellt werden. Es handelt sich dabei um eine Checkliste, die der Leiterin oder dem Leiter einer Lerngruppe dabei helfen soll, in schwierigen Situationen die Arbeitsfähigkeit der Gruppe professionell wiederherzustellen. Damit diese Liste leichter beherrschbar wird, haben wir diese Aufstellung um eigene Arbeitsfragen ergänzt (Tab. 3.5). Und bitte daran denken: Die Theorie ist grau, erst durch Erfahrungen gewinnt man Souveränität im Umgang mit schwierigen Situationen.

Tab. 3.5 Was tun in schwierigen Situationen? (Quelle: Eigene Darstellung nach Weidenmann (2011))

Realität erfassen	1	Wessen Arbeitsfähigkeit ist gestört?
		• Bin ich in meiner Lehrtätigkeit infrage gestellt?
		• Sind einzelne Personen, oder die gesamte Gruppe in ihrem Lernen gestört?
	2	Wie sehen und erleben die Beteiligten das Problem?
		• Wird es nur von einzelnen wahrgenommen, oder von der gesamten Gruppe?
		• Führt das Problem zu Passivität oder Nebentätigkeiten (z. b. Handy-Gebrauch) und damit letzten Endes zu Verständnisfragen?
		• Führt das Problem gar zu pauschaler Kritik an der Lehrperson?
		• Im ersten Fall kann man das Problem in einen Themenspeicher überführen und später erläutern. Im zweiten Fall wird man einen Schritt zurück gehen müssen an den Punkt, als die Gruppe ausgestiegen ist. Im dritten Fall wird man zu einer offenen Aussprache und einem neuen Lehransatz übergehen müssen, ggf. das Thema vertagen.

(Fortsetzung)

Tab. 3.5 (Fortsetzung)

	3	Was sollten die Beteiligten voneinander wissen? • Dies ist gerade in heterogenen Gruppen sehr wichtig; bei studentischen Lerngruppen dürfte die Struktur eher homogen (gleiches Semester, vergleichbare Vorbildung) sein, sodass dieser Punkt oft genug als geklärt gelten kann.
	4	Wenn nichts getan wird: Wie wird sich die Situation entwickeln? • Wird sich die Situation eher beruhigen, kann man fortfahren; wird sie sich aufschaukeln, muss sie zunächst geklärt und ein allgemein akzeptiertes weiteres Vorgehen gefunden werden.
	5	Soll ich handeln, sollen andere handeln? • Prinzipiell sollte man bei Verständnis- oder Akzeptanzproblemen erst einmal in die Runde fragen, ob es anderen so auch geht, oder ob jemand die offene Frage mit anderen Worten erklären kann. Bei eventuellen Einzelproblemen kann man daraufhin eine individuelle Beratung im Anschluss anbieten, oder einen erneuten Aufgriff in der nächstfolgenden Veranstaltung.
	6	Wann soll gehandelt werden? • Prinzipiell gilt: Störungen haben Vorrang, es sei denn, es ist ein Einzelproblem – dies kann man zurückstellen für eine gesonderte Beratung im Anschluss.
Arbeitsfähigkeit herstellen	7	Was soll das Handeln bewirken? • Bei Tutorien und Übungen soll ein theoretisch dargestellter Inhalt praktisch vertieft werden, also zum selbständigen Verhalten der Lernenden führen – dies muss der Maßstab für die „Arbeitsfähigkeit" der Gruppe sein.
	8	Was möchten die Beteiligten anders haben? • Braucht die Gruppe einen anderen Erklärungsansatz oder ein anderes methodisches Vorgehen, um ein Verständnisproblem aufzulösen? • Braucht die Gruppe mehr Ruhe, mehr Zeit, mehr Platz?

(Fortsetzung)

Tab. 3.5 (Fortsetzung)

9	Was wollen/können die Beteiligten dafür tun? • Wichtig ist zunächst: Die Erklärung, dass man etwas nicht versteht, erfordert Mut, und dies ist anzuerkennen. Dann ist zu klären, ob es sich um ein umfassenderes Verständnisproblem handelt, bei dem die Lehrperson nochmals neu ansetzen muss, oder ob es sich um ein Bestandteil dreht, das mit einem anderen, gemeinsam durchgeführten Ansatz leichter zu bearbeiten ist. • Gerade in Tutorien mit praktischen Aufgaben in Kleingruppen kann sich z. B. der Geräuschpegel im Seminarraum leicht hochschaukeln. Hier sind die Beteiligten am Zug, sich gegenseitig um eine konzentrierte Arbeitsatmosphäre zu bemühen. Falls jedoch Arbeitsmaterial fehlt, oder der Platz nicht ausreicht, sind die Organisator*innen am Zug.
10	Was wäre eine gute Maßnahme/Vereinbarung? • Das ergibt sich in der jeweiligen Situation, z. B. eine nochmalige Wiederholung einer Handlung, eine Variation der Handlung oder gar eine Vermeidung einer kritischen Handlung. • Manche organisatorischen Schwierigkeiten lassen sich nicht sofort auflösen. Hier kann man mit einer ernst gemeinten und deutlich artikulierten Vereinbarung das gegenseitige Vertrauen wiederherstellen.
11	Was ist zu tun, wenn die Maßnahme/Vereinbarung nicht klappt? • Entweder das Thema bis zur nächsten Veranstaltung zurückstellen – oder: in der allgemeinen Runde zur Diskussion stellen. Gerade bei Störungen ist dies effektiv, jedoch im Hochschulkontext selten erforderlich. Das gemeinsame Ziel der effektiven Wissensvermittlung sollte das höchste Gut sein. Alles, was dem im Wege steht, sollte möglichst aufgelöst werden.
12	Wie steht es jetzt mit der Arbeitsfähigkeit? • Als letzten Schritt kann die Lehrperson die neue Situation evaluieren. Ist die Arbeitsfähigkeit wiederhergestellt kann man zu einem späteren Zeitpunkt noch einmal in sich gehen, ob die Situation vermieden werden hätte können. So wird man sich mit der Zeit einen individuellen Erfahrungsschatz zusammenstellen.

Nach dem Studium der 12 Fragen wird sofort deutlich: Es geht in einer schwierigen Situation nicht um die Lehrpersonen, sondern um die Teilnehmenden. Mit Frage fünf wird sogar die Möglichkeit benannt, sich an der Problemlösung eventuell gar nicht zu beteiligen.

Jedoch kann durch störende Teilnehmende auch die Arbeitsfähigkeit von Ihnen als Lehrperson gestört sein. Diese müssen Sie natürlich wiederherstellen. Doch auch das hat eigentlich nur Konsequenzen für die Teilnehmenden, denn mit der Arbeitsfähigkeit der Lehrkraft ist ihr Lernerfolg direkt verknüpft. Deshalb Frage zwei: Bemerken die Teilnehmenden überhaupt, dass sie die Lehrperson gerade stören?

Auch soll die Checkliste dabei helfen, nicht zu früh zu intervenieren. Meistens kann man als Lehrkraft bis zu einer Gruppen- oder Einzelarbeit abwarten und in dieser Pause für sich selbst reflektieren.

Literatur

Eckert, M. (2021). *Online-Lehre mit System*. Springer Gabler.
Hey, B. (2018). *Präsentieren in Wissenschaft und Forschung* (2. Aufl.). Springer Gabler.
Hillebrecht, S. (2002). *Seminare, Schulungen und Workshops professionell gestalten*. Redline Wirtschaft/moderne Industrie.
Meyerhoff, J., & Brühl, C. (2016). *Fachwissen lebendig vermitteln* (4. Aufl.). Springer Gabler.
Oehlrich, M. (2022). *Wissenschaftliches Arbeiten und Schreiben* (3. Aufl.). Springer Gabler.
Pallasch, W., & Hameyer, U. (2012). *Lerncoaching* (2. Aufl.). Beltz.
Schäfer, M. (2020). *Lehren und Lernen mit digitalen Medien und Technologien*. Barbara Budrich.
Voss, R. (2022). *Wissenschaftliches Arbeiten* (8. Aufl.). UTB.
Weidenmann, B. (2011). *Erfolgreiche Kurse und Seminare* (8. Aufl.). Beltz.

4

Projektgruppen betreuen

4.1 Die Zielsetzung von Projektgruppen

In vielen Hochschulen hat sich Projektarbeit als Lehrform fest etabliert. Durch Projektarbeit werden fachliche Aufgaben (Aneignung eines bestimmten Stoffs, Vertiefung von wissenschaftlichen und praktischen Arbeitsweisen) mit sozialen Aufgaben (Arbeitsteilung, Umfang mit Konflikten, Teamfähigkeit) verbunden. Zumeist soll innerhalb eines Semesters eine bestimmte Aufgabenstellung gelöst werden, z. B. die Erarbeitung eines Marketingkonzepts für eine Brauerei, die Erstellung eines Imagefilms für ein Fitness-Studio, eine Mitarbeiterbefragung für ein Unternehmen etc.

Studentische Hilfskräfte sind ein wichtiges Element in Projektarbeiten, da sie einerseits eigene Erfahrungen einbringen können und andererseits „näher dran sind" an den Studierenden. Sie können damit als Peers wirken.

© Der/die Autor(en), exklusiv lizenziert an Springer Fachmedien Wiesbaden GmbH, ein Teil von Springer Nature 2025
S. Hillebrecht, J. Grillenbeck, *Tutorien und Seminare vorbereiten und moderieren*, https://doi.org/10.1007/978-3-658-46271-0_4

4.2   Gruppenphasen

Teams durchlaufen nach ihrer Zusammenstellung verschiedene Phasen, in denen sich die Teamarbeit formt und verändert. Der US-amerikanische Psychologe Bruce Tuckmann (1965) hat ein Fünf-Phasenmodell entwickelt, das auch heute noch seine Geltung hat und die Dynamik der Gruppenzusammenarbeit skizziert:

i. Gründungsphase (Forming)
ii. Streitphase (Storming)
iii. Vertragsphase (Norming)
iv. Arbeitsphase (Performing)
v. Trennungs- und Bilanzphase (Adjourning)

Für studentische Tutorinnen und Tutoren ist das Verständnis für diese Phasen wichtig, um abschätzen zu können, welche Form von Begleitung notwendig wird. In der ersten Phase lernt sich die Gruppe gerade kennen, die Gruppenmitglieder „tasten sich ab". Hier gilt es, durch offenes Aufeinanderzugehen dieses Kennenlernen zu erleichtern und Hürden abzubauen, z. B. in dem man sich vorstellt und kurz die eigenen Erfahrungen an der Hochschule nennt, um dann einzelne Personen aus der Gruppe anzusprechen und um eine ähnliche Vorstellung zu bitten.

In der zweiten Phase werden die Ziele der Gruppe festgelegt – und das führt oft zu Konflikten, vor allem bei der Frage nach der Rollenverteilung. Tutorinnen und Tutoren können hier je nach Diskussionsverlauf Hinweise geben, welche Punkte ihnen selbst geholfen haben, z. B. eine Projektstruktur und ein davon abgeleiteter Zeitplan.

In der dritten Phase steigt die persönliche Beteiligung der Mitglieder, weil die Ziele und Regeln der Gruppe in einer Art Vertrag festgehalten wurden. Hier sollten die Teammitglieder sich selbst also einen Verhaltenskatalog geben und einen von allen mitgetragenen Projektstrukturplan und Zeitplan aufstellen.

In der vierten, der Arbeitsphase, ist die Gruppe stabil und arbeitet produktiv. Durch regelmäßige Teilnahme wissen Tutorinnen und Tutoren, wo die Gruppe erfolgreich arbeitet, und wo ggf. Konflikte auftreten, die es anzusprechen und zu lösen gilt. Außerdem ist immer wieder an die Dokumentation der einzelnen Arbeitsschritte und Arbeitsergebnisse zu erinnern.

Nicht überall wird die letzte Phase mit aufgeführt, für Hochschulprojekte, die auf einen gewissen Zeitraum beschränkt sind, ist sie aber durchaus relevant, da z. B. die Notengebung auch auf einer Selbstreflektion beruht und teilweise in höheren Semestern eine weitere Projektarbeit angeboten wird.

Die Herausforderung bei der Betreuung von studentischen Gruppen in Projekten besteht darin, zu erkennen, in welcher Phase sich die Gruppen jeweils befinden und die Betreuung entsprechend der Phase auszurichten. In einem Projekt wird es sowohl Gruppen geben, in denen die Mitglieder noch nie zusammengearbeitet haben, als auch solche, in denen sich die Mitglieder schon viel länger kennen. Natürlich hat die „frisch zusammengewürfelte" Gruppe ganz andere Herausforderungen zu bewältigen als die „eingeschworene" Gruppe. Besonders hilfreich ist dabei immer wieder, sich an die eigenen Erfahrungen zu erinnern, diese in der Gruppe vorzustellen und dann einzuladen, die aktuelle Situation zu diskutieren.

4.3   Die richtigen Fragen stellen

Gezielte Fragen helfen Betreuerinnen und Betreuern dabei, den Stand der Projektarbeit und der Gruppendynamik in Erfahrung zu bringen. Hier arbeitet man nach dem Ansatz „Fordern und Fördern", denn die ein oder andere Frage ist für die Gruppe vielleicht unangenehm. Gerade diese Fragen helfen den Gruppen aber am meisten bei der Selbstreflexion. Oftmals werden direkt am Anfang eines Projektes Aufgaben vergeben wie Projektleitung, Protokollierung, Layout von Präsentationen oder die Kommunikation mit Partnern. Die folgenden Fragen sollen dabei helfen, die Rollenverteilung im Team zu evaluieren und auch zu erfahren, ob die Teammitglieder mit ihren Rollen überhaupt zufrieden sind:

- Welche Teamrollen gibt es bei Ihnen?
- Welche Schlüsselaufgabe hat jede Rolle?
- Stimmt die Rollenbesetzung mit den Kompetenzen der jeweiligen Personen überein?
- Nach welchen Kriterien wurden diese Rollen konzipiert und zugewiesen?
- Wie viel Diskussion gab es bei der Verteilung der Rollen?

- Hat jemand den Eindruck, eine seiner/ihrer Kompetenzen bleibt momentan ungenutzt?
- Sind die Rollen im Projekt eher Haupt- oder eher Nebenaufgaben?

Auch das Projektmanagement ist ein wichtiger Teil von studentischen Projekten und dabei ist die Kommunikation unter den Teilnehmenden besonders wichtig. Alle müssen ihre Aufgaben kennen und wissen, wie und wo sie deren Ergebnisse der Gruppe verfügbar machen. Deshalb ist es als Betreuerin oder Betreuer von Gruppen besonders wichtig, diese auf das notwendige Projektmanagement aufmerksam zu machen. Mit folgenden Fragen kann man ein Gespräch darüber führen:

- Auf welchen Kanälen kommunizieren Sie?
- Wie halten Sie Aufgaben für die einzelnen Teilnehmenden fest?
- Wie sorgen Sie dafür, dass alle Teilnehmenden über bevorstehende Termine Bescheid wissen?
- Wie machen Sie Ihre Ergebnisse allen im Team verfügbar?
- Wie informieren Sie abwesende Teilnehmende über die Beschlüsse in Gruppentreffen?

In vielen Fällen wird ein gemeinsamer Ordner in der Cloud erstellt, in welchem alle Dateien gesammelt werden. Auch ein gemeinsamer Kalender ist sinnvoll. Außerdem sollten zumindest oberflächliche Sitzungsprotokolle angefertigt werden. Je nach Umfang des Projektes kann all dies in einem Projektmanagement Tool wie *Trello*® oder *asana*® zusammengeführt werden.

Besonders spannend ist die Kooperation mit externen Projektpartnerinnen oder -partnern. Die Kommunikation mit den externen Parteien ist dabei oft eine Herausforderung für die Studierenden. Mit den folgenden Fragen kann das Verhältnis zum Projektpartner evaluiert werden:

- Wie habt ihr euren bzw. eure Projektpartner*in kennen gelernt?
- Wer hatte die Idee für eine Zusammenarbeit – ihr oder der bzw. die Partner*in?
- Auf welchen Kanälen kommuniziert ihr mit dem bzw. der Partner*in?
- Welche Erwartungen hat der bzw. die Projektpartner*in an euch?

- Welche Erwartungen habt ihr an euch?
- Gibt es hierbei Erwartungen, die sich nicht decken? Sollte man diese Erfüllen? Wenn ja, wie?
- Was wollt ihr dem bzw. der Projektpartner*in als erstes Präsentieren?

4.4 Teamübungen begleiten

Als Teambuildingmaßnahmen eignen sich durch eine Lehrperson angeleitete Teamübungen. Diese kommen in den verschiedensten Formen und Farben und können zahlreicher Literatur und dem Internet entnommen werden. Besonders wichtig ist eine produktive Atmosphäre mit gutem Feedback – für beides ist die Übungsleiterin bzw. der Übungsleiter verantwortlich.

Während der Übung sollte die Gruppe beobachtet werden. Es sollte nur eingegriffen werden, wenn die Gruppe wirklich nicht weiterkommt. Das Ziel des Teams in einer Gruppenübung ist nicht die erfolgreiche oder besonders schnelle Bewältigung der Aufgabe, sondern zu lernen, wie man selbst zusammenarbeitet. Deshalb folgt im Anschluss die Feedbackrunde. Auch hierbei hilft es, der Gruppe zuerst Fragen zu stellen:

- Was haben Sie erreicht?
- War Ihr Prozess erfolgreich?
- Wo gab es Schwierigkeiten?
- Wie war die Rollenverteilung?

    – Wurde diese bewusst zugeteilt oder entstand sie intuitiv?
    – Welche Vor- und Nachteile haben die beiden Alternative und welche überwiegen?

- Gab es eine Teamleitung?

    – Hat eine Person während der Aufgabe die Teamleitung ergriffen, oder wurde vorher jemand bewusst delegiert?
    – Welche Vor- und Nachteile haben die beiden Alternative und welche überwiegen?

Danach schildert die Betreuerin bzw. der Betreuer die eigenen Beobachtungen. Beginnen kann man mit den positiven Aspekten und sich dann zu dem vorarbeiten, was man als verbesserungswürdig ansieht. Im Anschluss daran können die Teilnehmenden wieder das Wort ergreifen:

• Was haben Sie gelernt?
• Was würden Sie nächstes Mal anders machen?

4.5   Agiles Projektmanagement

Seit einigen Jahren wird über agiles Projektmanagement geredet, und auch in der Hochschullehre ist diese Projektphilosophie inzwischen angekommen. Verkürzt besagt die agile Projektmethode, dass einem realistischen, wirtschaftlich sinnvollen Projektergebnis zuliebe allzu detaillierte Projektplanung und -durchführung vermieden wird. (siehe auch Kusay-Merkle, 2018, S. 27 ff.; Peipe, 2020, S. 151 ff.). Eignen sich solche Methoden also auch für die Lehre? In Hochschulen sind immerhin dem Prüfungsrecht und den Vorgaben der Semestertermine Beachtung zu zollen.

Einige Ansätze des agilen Projektmanagements sind sehr gut für die Lehre umsetzbar, auch an einer Hochschule. Die Lehrperson ist dabei als Anbieter des Projektes „Wissen vermitteln" anzusehen, die Teilnehmenden des Seminars sind die Kundinnen und Kunden. Validated Learning zum Beispiel, von Kusay-Merkle (2018, S. 329) definiert als „das Lernen anhand der Reaktion von Kunden beim Test einer Idee", ist ein agiler Begriff, der in der Hochschullehre quasi intuitiv gelebt wird. Die Lehrperson hat idealerweise ein Feingefühl für die Wünsche und Bedürfnisse der Studierenden entwickelt und achtet aufmerksam auf deren Reaktionen auf Inhalte, Übungen und Pläne. Auch in der Erwachsenenbildung sollte dieses Prinzip gelebt werden, schließlich bezahlen die Teilnehmenden oft hohe Summen, um nach ihren Wünschen weitergebildet zu werden. Ein agiler Ansatz zahlt sich hier als Anbieter von Schulungen o. Ä. also aus.

Auch die Agilen Prinzipien (vgl. Preußig, 2020, S. 39 ff.) sind auf die Hochschullehre generell anwendbar, zum Beispiel das zweite Prinzip „Begrüße Veränderung". Preußig (2020, S. 41) schreibt dazu: „Heiße Anforderungsänderungen selbst spät in der Entwicklung willkommen. Agile

Prozesse nutzen Veränderungen zum Wettbewerbsvorteil des Kunden." Auf die Lehre angewendet bedeutet dies, sich stets nach den Anforderungen der Teilnehmenden zu richten und auch bei einer längeren Veranstaltung den Mut zu haben, vom Konzept abzuweichen. Der „Wettbewerbsvorteil des Kunden" bedeutet hier, die Teilnehmenden bestmöglich auszubilden. Das kann nur durch eine gewisse Flexibilität innerhalb des Curriculums ermöglicht werden.

Es macht also durchaus Sinn, sich im Umfeld der Erwachsenenbildung mit den Prinzipien des agilen Projektmanagements vertraut zu machen. Die damit einhergehende Sicherheit im Umgang mit unvorhergesehenen, neuen Anforderungen hilft dabei, die Teilnehmenden bestmöglich zu unterstützen und auf deren Wünsche effizient einzugehen.

Literatur

Kusay-Merkle, U. (2018). *Agiles Projektmanagement im Berufsalltag*. Springer Gabler.

Peipe, S. (2020). *Crashkurs Projektmanagement* (8. Aufl.). Haufe.

Preußig, J. (2020). *Agiles Projektmanagement – Agilität und Scrum im klassischen Projektumfeld* (2. Aufl.). Haufe. Tuckman, 1965.

5

Beispiele aus der Praxis

5.1 Tutorium HTML und CSS

Anforderungen an die Veranstaltung

Das Tutorium „HTML und CSS" soll ein ergänzendes Angebot zur Vorlesung „Grundlagen der Medienproduktion – Online" darstellen. Durch das Tutorium soll eine bessere Betreuung der Studierenden durch kleinere Arbeitsgruppen ermöglicht werden: In der Regel wird die Kohorte von ca. 70 Studierenden des Studiengangs Medienmanagement in zwei bis drei Gruppen eingeteilt. So können auch individuelle Herausforderungen und Hürden der Studierenden gemeinsam bewältigt werden. Dieses Angebot soll so niedrigschwellig wie möglich sein: Das Tutorium findet in Räumen mit PCs oder Macs mit professioneller Software statt, für den eigenen Rechner kann kostenlose Software verwendet werden. Ziel der Veranstaltung ist aber nicht nur die Vertiefung des Wissens aus

---

Ergänzende Information Die elektronische Version dieses Kapitels enthält Zusatzmaterial, auf das über folgenden Link zugegriffen werden kann [https://doi.org/10.1007/978-3-658-46271-0_5].

© Der/die Autor(en), exklusiv lizenziert an Springer Fachmedien Wiesbaden GmbH, ein Teil von Springer Nature 2025
S. Hillebrecht, J. Grillenbeck, *Tutorien und Seminare vorbereiten und moderieren*, https://doi.org/10.1007/978-3-658-46271-0_5

der Vorlesung: Auch beim Erstellen der Prüfungsleistung, einer Website inklusive schriftlicher Dokumentation, sollen die Studierenden unterstützt werden.

Zielgruppenanalyse und Abstimmung des Lehrstoffes

Die Vorlesung und das entsprechende Tutorium wird für Studierende des Bachelor of Arts Medienmanagement im 2. Fachsemester angeboten. Die Gruppe ist also bezogen auf das Alter recht homogen, wobei es natürlich immer wieder einzelne Studierende mit Berufserfahrung gibt, die etwas älter sind. Die meisten besitzen keine Vorkenntnisse in Web-Entwicklung, erfahrungsgemäß sind in einer Gruppe von 50 Personen drei bis vier, die zumindest Erfahrung mit einer Wordpress-Installation oder anderen Content Management Systemen bzw. Pagebuildern haben. Die Vorbildung ist also bei den meisten rein schulisch, einen beruflichen Hintergrund in diesem Fachgebiet hat fast niemand – falls doch, würde sie oder er das Tutorium vermutlich nicht besuchen.

Die Lerngruppe ist in einem Punkt meist sehr heterogen: Der Computerkompetenz. Gerade Computerbezogene Fachbegriffe wie „Stammverzeichnis" oder der Mechanismus des Speicherns einer Datei mit „Strg + S" sind vielen fremd, anderen selbstverständlich. Diese sind schon früh mit einem „echten Computer" von Apple oder mit Microsoft Windows in Berührung gekommen, andere hatten bisher nur Spielekonsolen, Smartphones oder Tablets in der Hand und haben sich erstmals zu Beginn des Studiums einen Rechner angeschafft. In diesem Punkt liegt die Schwierigkeit für die Lehrperson, alle Studierenden „mitzunehmen" und dabei den Rest nicht zu langweilen. Dazu später mehr (Tab. 5.1).

In der Zielgruppenanalyse (siehe Abschn. 3.4) wurde das Publikum des Tutoriums in drei Gruppen aufgeteilt. Die Unerfahrenen, die Versierten und die Profis. Wie bereits angedeutet ist es die größte Herausforderung, den Unerfahrenen die wichtigen Basis-Kenntnisse zu vermitteln, ohne dass sich die Profis langweilen. Unter Umständen ist dies auch gar nicht möglich. Die Tutorin oder der Tutor darf es in diesem Fall also nicht persönlich nehmen, wenn Personen nur vereinzelt und gezielt zu den Tutorien erscheinen. Um dem Publikum das zu erleichtern, bietet es

Tab. 5.1 Eine Typologie der Tutorienteilnehmerschaft. (Quelle: eigene Erstellung)

Bezeichnung	Beschreibung	Motivation	Interessen der Tutorin bzw. des Tutors	Angebot der Tutorin bzw. des Tutors
Die Unerfahrenen	• ca. 19–21 Jahre alt • direkt nach der Schule oder einem Gap Year ins Studium gestartet • bisher nur wenig Erfahrung mit Computern • hohe Medienkompetenz (erworben durch Smartphone und Tablet)	• Inhalte besser Verstehen • intensivere Betreuung als in der Vorlesung • neue Kenntnisse vertiefen • Übung	• Was will die Gruppe wissen? • Was kann ich auf andere Art und Weise erklären? • Wo braucht die Gruppe Hilfe? • Welche Inhalte empfindet die Gruppe als besonders schwierig?	• Basis-Computerkenntnisse • Basis-Onlinerecherche („z. B. Wie google ich richtig?") • Betreuung und Hilfestellung • Auf den Wissensstand abgestimmte Übungen
Die Versierten	• ca. 19–21 Jahre alt • direkt nach der Schule oder einem Gap Year ins Studium gestartet • frühe Sozialisation mit Computern • hohe Medienkompetenz und Onlinerecherche-Kompetenz	• Inhalte der Vorlesung vertiefen und üben • Neue Inhalte, die über die Vorlesung hinaus gehen • Übung	• Was kann die Gruppe schon? • Welche Inhalte würde die Gruppe gerne vertieft behandeln?	• Betreuung und Hilfestellung • Auf den Wissensstand abgestimmte Übungen

(Fortsetzung)

Tab. 5.1 (Fortsetzung)

Bezeichnung	Beschreibung	Motivation	Interessen der Tutorin bzw. des Tutors	Angebot der Tutorin bzw. des Tutors
Die Profis	• ca. 23–26 Jahre alt • mit Berufserfahrung ins Studium gestartet • frühe Sozialisation mit Computern • hohe Medienkompetenz und Onlinerecherche-Kompetenz • Vorkenntnisse im Themengebiet „Webseiten" durch eigenen Blog, Shop oder den Beruf	• Verständnis der Inhalte aus der Vorlesung abprüfen • Neue Inhalte, die über die Vorlesung hinaus gehen	• Welche Inhalte würde die Gruppe gerne zusätzlich behandeln?	• Bis zu einem gewissen Grad auf den Wissensstand abgestimmte Übungen – jedoch nur als Zusatzangebot, um die anderen beiden Zielgruppen nicht zu überfordern.

sich an zumindest einen Tag im Voraus die Themen der nächsten Einheit bekannt zu geben. So können sich die Studierenden vorher ein Bild machen, ob sie Interesse und/oder Bedarf an den Übungen haben. Damit kommen wir auch schon zur zeitlichen Einteilung des Lernstoffes.

Ablauf- und Zeitplanung

Für das Tutorium stehen 13 Einheiten á 1,5 Std im wöchentlichen Rhythmus zur Verfügung. Gegen Ende des Semesters wird das Tutorium immer flexibler, sodass die Studierenden immer mehr Themenwünsche einbringen können, sobald sie die Grundlagen des Webdesigns beherrschen.

So wurden die Themen im Sommersemester 2021 eingeteilt (Tab. 5.2):

Tab. 5.2 Semesterplanung für den Lehrstoff. (Quelle: eigene Erstellung)

Woche 1	Woche 2	Woche 3
Einleitung – Ablauf, E-Learning, Forum, etc. Attribute und Werte in HTML Verknüpfungen mit dem \<a>-Tag	Wiederholung: Attribute und Werte Wiederholung: Verknüpfungen Drei wichtige Tags: \<a>, \<p> und \<div> Basics: Website-Layout	Basics: Adobe Dreamweaver Geschützte Zeichen in HTML Listen in HTML
Woche 4	**Woche 5**	**Woche 6**
Wiederholung: Listen Tabellen Einführung CSS	Wiederholung: Tabellen Inline-CSS Bilder HTML-Basics-Quiz	Externes CSS
Woche 7	**Woche 8**	**Woche 9**
Wiederholung: Externes CSS Gestaltung eines Headers mit Bild - „background-image" - padding vs. margin - Pseudoklassen	Große Übung: Gestaltung einer vorgegebenen HTML-Datei via CSS	Wiederholung: Übung CSS-Gestaltung Große Übung: Layout von Objekten und Text mittels „float"
Woche 10	**Woche 11**	**Woche 12**
Screen-Design mit CSS-Grid CSS-Basics-Quiz	Website Grundgerüst – how to start Individuelle Fragen	Dropdown-Menü Bild-Slider
Woche 13		
Individuelle Fragen		

Eingesetzte Methoden

Vortrag

Um den Studierenden in den wichtigsten Themen einen Überblick zu verschaffen und ergänzende Informationen zur Vorlesung anzubieten wird im Tutorium auf die Methode „Vortrag" gesetzt. Die Lehrperson hat dabei Folien via PowerPoint erstellt, die sowohl im Hörsaal als auch in der Online-Session gezeigt werden können. Diese Materialien dienen darüber hinaus auch als Gedächtnisstütze für die Studierenden und wird zum Download zur Verfügung gestellt. Mithilfe von Grafiken sollen Zusammenhänge übersichtlich dargestellt werden. Ein weiterer zentraler Aspekt sind Code-Schnipsel in Form von Screenshots, die dem Ergebnis (der Darstellungsweise im Web-Browser) gegenübergestellt werden. Der Vortrag erfolgt oft zu Beginn der Einheit, um in ein neues Thema einzuführen, oder ein vergangenes zu Wiederholen. Da beim Tutorium der Fokus auf der Übungsmöglichkeit für die Studierenden liegen soll, ist er zeitlich auf 10–20 min beschränkt, sollte also höchstens 20 % der Einheit beanspruchen.

Übung

Zentral für das Tutorium „HTML und CSS" sind Übungen, die von den Studierenden eigenständig ausgeführt werden. Wichtig ist hierbei, dass die Lehrperson nach der Präsentation der Aufgabenstellung zuerst den Raum für Fragen aus dem Plenum öffnet. So können Unklarheiten direkt beseitigt werden, welche sonst vielleicht für Frust während der Bearbeitungszeit führen könnten. Außerdem gilt hier die Faustregel (die die Lehrperson auch gerne so aussprechen kann): Fast jede Frage stellt sich auch mindestens eine andere Person. Als Einzelne*r ist man selten allein mit den Hürden, die man überwinden muss – immerhin sind die meisten Teilnehmenden auch völlig neu in das Themengebiet Web-Entwicklung eingestiegen.

Sind alle Rückfragen beantwortet kann die Übung starten. In der Praxis hat sich gezeigt, dass es ratsam ist, die Zeit zur Bearbeitung auch zu kommunizieren. Ist diese Zeit verstrichen, kann man sich Feedback einholen und nochmal nachfragen, wo eventuelle Probleme in der Bearbeitung aufgetaucht sind. Sind die Studierenden früher fertig, merkt das die Lehrperson in der Regel auch recht schnell an den Aktivitäten im Raum, die nichts mehr mit HTML zu tun haben, höchstens mit Webseiten.

Gruppenarbeit

Manche Übungen bieten sich auch dafür an, von mehreren Personen als Gruppe bearbeitet zu werden. Das übliche Risiko der Gruppenarbeit, dass sich Einzelne nur mitnehmen lassen, anstatt selbst aktiv zu werden, ist natürlich vorhanden. Und es steigt, wenn an nur einem Computer gearbeitet werden soll. Deshalb ist es ratsam, auch bei einer Gruppenarbeit das individuelle Ergebnis als Ziel zu formulieren. So kann sich die Gruppe mit der Theorie der Aufgabenstellung gemeinsam befassen, den gefundenen Lösungsweg muss allerdings jede*r noch einmal selbst implementieren.

Onlinelehre vs. Präsenzlehre

In den Vergangenen drei Jahren fand das Tutorium in HTML und CSS sowohl im Computerraum als auch Online via Zoom statt. Beide Modelle haben Vor- und Nachteile, die an dieser Stelle kurz beleuchtet werden sollen. Im Hinblick auf die Diskussion, in Zukunft verstärkt auf Online-Lehre zu setzen, um die räumlichen Kapazitäten der Hochschulen besser auszunutzen, wird es unweigerlich zu der Frage kommen, welche Veranstaltungen auf welche Art und Weise durchgeführt werden sollten.

Die Präsenzlehre im Tutorium „HTML und CSS" geht mit einer recht aufwändigen Organisation einher: Die Kohorte muss in mehrere Gruppen eingeteilt und diese in einem der (wenigen) Computerräume der Hochschule platziert werden. Ganz davon abgesehen, dass die Ausstattung und Wartung von diesen Räumen natürlich Kosten verursacht. Beides entfällt bei der Online-Lehre. Die Teilnehmenden sitzen vor ihren eigenen Endgeräten und in ihren eigenen Räumen.

Das führt jedoch zu Schwierigkeiten: Erstens stellt sich die Frage, ob man als Hochschule erwarten kann, dass die Studierenden entsprechende Endgeräte besitzen. Zweitens die Frage, ob diese Geräte dann überhaupt leistungsfähig genug für die entsprechenden Anwendungen sind. Klar kann man HTML-Seiten auch mit einem normalen Texteditor schreiben, möchte man sich jedoch mit Profi-Software vertraut machen sind die Systemvoraussetzungen höher. Die eigene Erfahrung in der Lehre zeigt, dass einige Personen immer wieder mit einem instabilen System zu kämpfen haben. Und dieses Argument setzt voraus, dass die entsprechende Software (z. B. die Adobe Creative Cloud) überhaupt im Besitz der Teilnehmenden ist. Sofern man über „nur" einen Bildschirm verfügt ist es darüber hinaus sehr schwierig, das Videokonferenztool zu verfolgen und gleichzeitig die Software zu bedienen.

Für eine effektive Online-Lehre in diesem technischen, praktischen Anwendungsfeld muss den Studierenden also zumindest die Software zur Verfügung gestellt werden und falls nötig muss die Hochschule mit Endgeräten Unterstützung leisten. Selbst wenn „nur" externe Bildschirme an die Studierenden verteilt würden, wäre das vielen eine große Hilfe.

Die Präsenzlehre profitiert vom Faktor Kollaboration. Die Studierenden können sich unkompliziert in Gruppen zusammenfinden und gemeinsam an einem Problem arbeiten. Erfahrungsgemäß ist der spontane Blick zum Nachbarn („Wie hast du das denn gemacht?"; „Bei mir funktioniert das irgendwie nicht …") in HTML und CSS besonders wichtig. So können sich die Teilnehmenden in Übungsphasen selbst helfen und von den jeweiligen Kenntnissen gegenseitig profitieren. Ein Verhalten, dass im Computerraum intuitiv stattfindet, in einer Online-Session jedoch gezielt gefördert und technisch eingerichtet werden muss.

Auch der Gang durch die Reihen ist bei der Präsenzlehre in einer Übungsphase sehr effektiv: Die Lehrperson bekommt sofort einen Überblick über den subjektiven Schwierigkeitsgrad der Übung und macht sich verfügbar für Hilfe-Gesuche. Meistens reichen im Computerraum ein paar wenige Sätze, um ein Problem zu beseitigen. In einer Online-Session stellt sich immer die Frage, ob man die ganze Gruppe mit einbeziehen will, oder mit einer Einzelperson recht umständlich eine neue Sub-Session eröffnet. Auch dann ist es als Lehrperson nicht trivial bzw. gar nicht erwünscht, die Kontrolle über den fremden Rechner zu übernehmen. Das alles funktioniert im Computerraum wieder intuitiv und damit deutlich schneller.

Für ein Tutorium in HTML und CSS ist die Präsenzlehre in einem voll ausgestatteten Computerraum also vorzuziehen.

Lehrmaterialien

Folien aus der Veranstaltung und Übungen

5.2   Tutorium Erstsemesterprojekt

Anforderungen an die Veranstaltung

Im ersten Semester des Medienmanagementstudiums an der Hochschule Würzburg-Schweinfurt steht für die Studierenden direkt ein großes Medienprojekt im Modulplan. Dafür wird die Kohorte in Gruppen mit verschiedenen Schwerpunkten (Foto, Video, Blog, Radio, Podcast) eingeteilt. Zu einem vorgegebenen Thema (in der Vergangenheit z. B. „Weihnachten in Würzburg", oder „grünes Würzburg") erarbeiten die Studierenden dann entsprechende Inhalte. Das konkrete Ziel dürfen sie dabei selbst wählen. So wurde z. B. das Radioprogramm des Hochschulsenders erarbeitet und produziert, Fotobücher erstellt, Imagefilme oder erzählerische Werke gedreht, verschiedene Blogs gelaunCht, usw. usw.

Die Herausforderung für die Gruppe besteht darin, dass sie ins kalte Wasser geworfen wird. Aufgabe der Tutorinnen und Tutoren ist es dann, beim möglichst schmerzfreien eintauchen zu unterstützen (um die Analogie mit dem Wasser weiter zu bemühen). Die Studierenden brauchen nämlich in vielen Bereichen Unterstützung:

- Technik
  - Kameras, Licht, Audiorecording, uvm.
- Software
  - Adobe Creative Cloud, DaVinci Resolve, WordPress, uvm.
- Hard-Skills
  - Videoschnitt, journalistische Beiträge, Programmplanung im Radio, uvm.
- Organisation
  - Strukturen schaffen, Mitglieder motivieren, den Überblick behalten, Due Dates einhalten, uvm.
- Konfliktmanagement

Darüber hinaus soll das Team der Tutorinnen und Tutoren auch das persönliche Wachstum der Teilnehmenden unterstützen, durch regelmäßige Feedback-Sessions und Gesprächsrunden.

Zielgruppenanalyse und Abstimmung des Lehrstoffes

Die Zielgruppe wurde in diesem Beispiel nur in zwei Gruppen aufgeteilt, nämlich in Studierende, die frisch von der Schule kommen und solche, die Berufserfahrung mitbringen (Tab. 5.3). Diese beiden unterscheiden sich in zwei Punkten: Der Vorerfahrung in Medienprojekten und der Kompetenz, in der „echten Welt" zu arbeiten. Für viele Studierende, die direkt aus der Schule kommen, ist ein zielgerichtetes, hochprofessionelles zusammenarbeiten unter Zeit- und Erfolgsdruck ganz neu. Es stechen immer wieder Personen positiv hervor, die sich zum Beispiel im Schultheater oder einem Leistungssport engagiert haben: Ihnen merkt man an, dass sie schon einige Soft-Skills haben, die ihre neuen Kommiliton*innen im Laufe des Projektes erst noch erwerben müssen. Genau dafür ist das Erstsemesterprojekt da.

Ablauf- und Zeitplanung

Der zeitliche Ablauf des Tutoriums richtet sich nach den Bedürfnissen des Projektes und den Wünschen des Teams. In den ersten drei Wochen geht es erfahrungsgemäß darum, eine Teamstruktur zu etablieren und das große Projekt in kleine Arbeitspakete aufzuteilen. Danach geht es an die Umsetzung der Medienprodukte, welche natürlich den größten Zeitraum des Projektes einnimmt. Hier ist dann besonders technische und methodische Unterstützung durch die Tutor*innen gefragt. In den letzten drei Wochen ist das größte Thema der Projektbericht, welcher die Prüfungsleistung darstellt. Auch hier müssen die Studierenden unterstützt werden, denn ein solcher Bericht kann inkl. Anhang durchaus auf 100 bis 200 Seiten anwachsen.

Tab. 5.3 Zielgruppenanalyse im Beispiel. (Quelle: Eigene Darstellung)

Bezeichnung	Beschreibung	Motivation	Interessen der Tutorin bzw. des Tutors	Angebot der Tutorin bzw. des Tutors
Die Abiturient*innen	• 17–19 Jahre alt • Hohe Medienkompetenz durch intensive Nutzung • Erste Erfahrungen in der Content-Erstellung (Instagram, YouTube, Blog, Musik, etc.)	• Das erste große Medienprojekt mit guten Ergebnissen abschließen	• Was kann die Gruppe schon? • Wo braucht die Gruppe Unterstützung? • Ist die Gruppe strukturiert? Wenn ja, von wem wurde die Struktur geschaffen?	• Technik • Software • Hard-Skills • Organisation • Konfliktmanagement
Die Berufserfahrenen	• ca. 22–25 Jahre alt • Hohe Medienkompetenz durch intensive Nutzung • Vergleichsweise viel Erfahrung in Medienproduktionen, meist aber nur in einem speziellen Bereich • Aus der Arbeitswelt erworbene Soft-Skills (Teamkompetenz, Koordination, etc.)	• Sehr gute Ergebnisse im ersten Medienprojekt des Studiums	• Was kann die Gruppe schon? • Wo braucht die Gruppe Unterstützung? • Ist die Gruppe strukturiert? Wenn ja, von wem wurde die Struktur geschaffen?	• Technik • Software • Hard-Skills • Organisation • Konfliktmanagement

Eingesetzte Methoden

Gespräch

Die Aufgabe der Tutorinnen und Tutoren ist es, die Gruppe auf die richtige Bahn zu lenken, um dann selbst zum Erfolg zu kommen. Das geschieht in Gruppengesprächen, zu denen idealerweise immer die gesamte Gruppe anwesend ist.

Zu Beginn des Projektes ist zum Beispiel wichtig, dass eine studentische Projektleitung für jedes Team ernannt wird. An dieser Aufgabenstellung kann erarbeitet werden, was Vorteile und Nachteile von flachen und weniger flachen Hierarchien ist und die Gruppe kann sich entscheiden, welchen Weg sie geht. Die Berufserfahrenen werden hier andere Einsichten mitbringen können als die Abiturient*innen. Aufgabe der Lehrperson ist es also, den gesamten Erfahrungsschatz anzuzapfen.

Eine weitere wichtige Funktion der Gespräche ist es zu reflektieren, was gerade gut oder schlecht läuft. Bleiben wir beim Beispiel „Projektleitung": Nach einigen Wochen kann die Gruppe sagen, ob der Workflow zielführend ist. Und die Projektleitung kann mitteilen, ob sie sich unterfordert fühlt, oder überarbeitet ist. Dementsprechend kann die Lehrperson mit der Gruppe bestimmte Schritte einleiten, um die Situation zu verbessern.

Evaluation nach der „Disney-Methode"

Die sogenannte „Disney-Methode" (eigentlich ein Kreativitäts-Rollenspiel, das auf Robert Dilts (1994) zurückgeht, der ein ähnliches Verhalten bei Walt Disney beobachtet haben will) eignet sich auch gut zur Evaluation von Projekten in Teams. Dafür wurde sie von uns entsprechend angepasst, das Formular finden Sie im Anhang.

Jede Person nimmt nacheinander die folgenden Rollen ein und beantwortet die Fragen schriftlich:

- Befürworter: Was war im Sinne der Zielerreichung förderlich/hilfreich?
- Kritiker: Was war im Sinne der Zielerreichung hinderlich?
- Realist: Welche Faktoren werde ich beibehalten? Welche Faktoren werde ich optimieren?

Die Lehrperson ist bei der gemeinsamen Evaluation die neutrale Beobachterin und moderiert die anschließende Diskussion. Zuerst sollen alle Teilnehmenden ihre jeweiligen Bögen vorlesen, ohne dass die anderen Personen sich dazu äußern. Alle Meinungen sollen gehört werden, niemand soll sich direkt rechtfertigen müssen. Nachdem alle Fragen von allen Personen der Gruppe beantwortet wurden, kann die Lehrperson die Diskussionsrunde starten. Oftmals fällt direkt ein Faktor auf, der häufiger genannt wird. Dieser ist ein idealer Startpunkt für das moderierte Gespräch. Nun kann gemeinsam erarbeitet werden, wie man die hinderlichen Faktoren beseitigen und die förderlichen Faktoren stärken kann. Die individuellen Vorsätze („beibehalten"/„ändern") der Einzelpersonen helfen dabei zu evaluieren, ob die Hürden von der Gruppe erkannt wurden, oder ein Lösungsweg erst noch gefunden werden muss.

Onlinelehre vs. Präsenzlehre

In den Vergangenen drei Jahren fand das Tutorium Erstsemesterprojekt sowohl im Seminarraum als auch Online via Zoom statt. Beide Modelle haben Vor- und Nachteile, die an dieser Stelle kurz beleuchtet werden sollen. Im Hinblick auf die Diskussion, in Zukunft verstärkt auf Online-Lehre zu setzen, um die räumlichen Kapazitäten der Hochschulen besser auszunutzen, wird es unweigerlich zu der Frage kommen, welche Veranstaltungen auf welche Art und Weise durchgeführt werden sollten.

Da das Tutorium als Gespräch in einer mittelgroßen Gruppe (7–15 Personen) durchgeführt wird, ist ein Videokonferenztool prinzipiell gut geeignet. Natürlich müssen sich alle Teilnehmenden an die bereits besprochene Digi-Quette halten, was im ersten Semester eventuell erst noch erlernt werden muss. Besonders wichtig ist, dass alle Teilnehmenden zu Wort kommen und alle Meinungen gehört werden. Hier muss die Lehrperson Online verstärkt darauf achten, dass niemand „abtaucht". Generell sollten auch alle Kameras aktiviert werden. Die Möglichkeit, Zwischenergebnisse einfach durch Teilen des Bildschirms zu präsentieren wurde erfahrungsgemäß sehr oft genutzt und ist sehr hilfreich. Jedoch ist es bei einigen Projekten, bedingt durch die Bandbreite der Übertragung, für die Lehrperson schwierig, die Ergebnisse richtig zu beurteilen. Bei Videoprojekten trifft das primär zu, aber auch Audiobeiträge sind auf diese Art und Weise schwierig zu beurteilen. Oftmals sind jedoch die Dateien so groß, dass sie recht umständlich über Cloud-Systeme mit langen Up- und Downloadzeiten ausgetauscht werden müssen. Deshalb ist hier ein Treffen in Präsenz, zum Beispiel in den professionell ausgestatteten Editing-Suites, vorzuziehen.

Auch die Evaluation mithilfe der modifizierten Disney-Methode ist in Präsenz sinnvoller, denn hier ist der Faktor Mensch nicht unwichtig. Die Erfahrung zeigt, dass die Gespräche einfach produktiver sind, wenn sich alle in die Augen sehen können.

Das Tutorium im Erstsemesterprojekt kann also durchaus eine hybride Veranstaltung aus Videokonferenzen und Präsenzlehre in der Hochschule durchgeführt werden. Hier muss individuell entschieden werden, wann eine Gruppe von einem Präsenztreffen profitiert, zum Beispiel bei Evaluationen oder größeren Feedbacksessions, die bestimmte Hardware voraussetzen.

Lehrmaterialien

Aus eigener Anschauung gilt: Normalerweise sollten nur die Vorlagen der hauptverantwortlichen Dozent*innen verwendet werden. Alles andere führt nur zur Verwirrung und möglicherweise auch zu Beschwerden von Studierenden, wenn das Prüfungsergebnis nicht ganz den Vorstellungen entspricht. Wer sich aber viel Mühe machen will, kann bestimmte Sachverhalte z. B. als Simple Show (siehe hier die Tutorials auf einschlägigen Videoplattformen wie YouTube) darstellen. Der Schnitt lässt sich mit Anwendungen wie Audacity vornehmen.

Technisch einfach umzusetzen ist auch ein Podcast. Er dient an bestimmten Stellen zum Einstieg in eine Problemstellung und baut einen Spannungsbogen auf.

Weitere Materialen sind eher weniger hilfreich.

5.3 Tutorium Projekt mit externen Partnerunternehmen

Anforderungen an die Veranstaltung

Im Laufe des Bachelor of Arts Medienmanagement gibt es zwei große Projekte mit externen Partnerunternehmen. Oft sind dies kleine und mittelständische Unternehmen aus der Region, oder gemeinnützige Organisationen und Vereine. Je nach Modul entsteht entweder die Kooperation des Unternehmens mit der Hochschule zuerst und die Studierenden bewerben sich im Anschluss auf ein Projekt oder die Gruppe selbst schlägt ein Partnerunternehmen vor, welches sie selbst akquiriert haben.

Das Ziel des Projektes wird dann gemeinsam mit den Partner*innen erarbeitet. So wurden im Rahmen dieser Projekte bereits Imagefilme gedreht, Webseiten programmiert oder Social Media Auftritte geplant und gelauncht.

Da die Teammitglieder sich entweder bewerben oder das Projekt selbst akquiriert haben, bringen sie eine hohe intrinsische Motivation und oft auch Vorwissen im entsprechenden Bereich mit. Dennoch brauchen Sie in vielen Bereichen weitere Unterstützung und Feedback:

- Technik
  - Kameras, Licht, Audiorecording, uvm.
- Software
  - Adobe Creative Cloud, DaVinci Resolve, WordPress, uvm.
- Hard-Skills
  - Videoschnitt, journalistische Beiträge, Programmplanung im Radio, uvm.
- Organisation
  - Strukturen schaffen, Mitglieder motivieren, den Überblick behalten, Due Dates einhalten, uvm.
- Konfliktmanagement
- Kommunikation mit dem Partnerunternehmen

Die Tutorinnen und Tutoren können sich hier allerdings auf das Vorwissen aus dem Erstsemesterprojekt verlassen. Die Studierenden kennen sich und wissen, wie man effektiv zusammenarbeitet. In diesen Projekten steht also qualitativ hochwertiges Feedback auf die Medienprodukte an erster Stelle.

Zielgruppenanalyse und Abstimmung des Lehrstoffes

Die Zielgruppe für die Tutorien in Projekten mit Partnerunternehmen wurde in „Techniker*innen" und „Theoretiker*innen" eingeteilt (Tab. 5.4). Beide Rollen sind in einem erfolgreichen Team vertreten, jedoch ist die jeweilige Motivation oft anders und deshalb wichtig für eine individuelle Betreuung. Die Techniker*innen haben ausgeprägte technische Kenntnisse, die oft sogar die der Tutor*innen übersteigen. Sie brauchen allerdings oftmals Unterstützung im Bereich Projektmanagement und müssen bestens organisiert sein – dabei kann das Tutorium helfen. Die Theoretiker*innen haben oftmals die Projektleitung inne, sind im Projektmanagement bestens ausgebildet und oft Organisationstalente. Ihnen kann das Tutorium helfen, wenn es um die technischen Aspekte der Umsetzung geht, also zum Beispiel um Hard-Skills, wie eine Schnittsoftware oder das Arbeiten mit Kameratechnik.

Hier zeigt sich wieder, wie wichtig die Zielgruppenanalyse ist. Ein Tutorium, welches sich nur auf eine der beiden Gruppen fokussiert, lässt die Hälfte der Teilnehmenden unterfordert zurück. Weiß man jedoch auf beide Bereiche gleichermaßen einzugehen, kann man die Synergie-Effekte, die in einem erfolgreichen Team entstehen, bestens aufzeigen und für das Team nutzen.

Ablauf- und Zeitplanung

Der zeitliche Ablauf des Tutoriums richtet sich nach den Bedürfnissen des Projektes und den Wünschen des Teams. Die ersten zwei bis drei Wochen bilden die Startphase des Projektes. Hier bildet sich die Teamstruktur und es wird intensiv mit dem Partnerunternehmen kommuniziert. Danach geht es an die Umsetzung der Medienprodukte, welche natürlich den

Tab. 5.4 Zielgruppengerechte Lehrstoffplanung. (Quelle: eigene Erstellung)

Bezeichnung	Beschreibung	Motivation	Interessen der Tutorin bzw. des Tutors	Angebot der Tutorin bzw. des Tutors
Die Techniker*innen	• 20–25 Jahre alt • Hohe Medienkompetenz durch intensive Nutzung und das Studium • Viel Erfahrung in der Content Erstellung durch Studium, Beruf und Hobby	• Sehr gute Medienprodukte erstellen	• Was kann die Gruppe schon? • Wo braucht die Gruppe Unterstützung? • Ist die Gruppe strukturiert? Wenn ja, von wem wurde die Struktur geschaffen?	• Organisation • Konfliktmanagement • Zeitmanagement
Die Theoretiker*innen	• 20–25 Jahre alt • Hohe Medienkompetenz durch intensive Nutzung und das Studium • Viel Erfahrung in Projektmanagement und Teamleitung durch persönliches Engagement, Beruf und Studium	• Das Projekt reibungslos über die Bühne bringen und die Kund*innen zufriedenstellen	• Welche Technischen Fähigkeiten hat die Gruppe? • Welche Fähigkeiten fehlen eventuell zur Umsetzung?	• Technik • Software • Hard-Skills

größten Zeitraum des Projektes einnimmt. Hier muss das Team der Tutor*innen auf die individuellen Bedürfnisse des Teams eingehen, wie schon bei der Zielgruppe erläutert. Die Schlussphase des Projektes beginnt mit der Arbeit an einem Projektbericht, der einen Teil der Prüfungsleistung darstellt. Auch hierbei können die Tutor*innen unterstützen.

Eingesetzte Methoden

Gespräch

Die Aufgabe der Tutorinnen und Tutoren ist es, die Gruppe in den relevanten technischen oder organisatorischen Themenfeldern zu unterstützen. Dabei ist es besonders wichtig, sich intensiv mit der Zusammensetzung der Gruppe und den daraus folgenden Bedürfnissen zu befassen. Erst im Gespräch mit dem Team können die Tutor*innen herausfinden, welche Inhalte besonders wichtig sind. Vom Lehrpersonal ist deswegen eine hohe Flexibilität gefordert.

Evaluation nach der „Disney-Methode"

Auch in dieser Veranstaltung kann die modifizierte Disney-Methode zur Evaluation eingesetzt werden. Siehe hierzu Abschn. „Eingesetzte Methoden".

Online- vs. Präsenzlehre

In den Vergangenen drei Jahren fanden Tutorien in Projekten mit externen Partnerunternehmen sowohl im Seminarraum als auch Online via Zoom statt. Beide Modelle haben Vor- und Nachteile, die an dieser Stelle kurz beleuchtet werden sollen. Im Hinblick auf die Diskussion, in Zukunft verstärkt auf Online-Lehre zu setzen, um die räumlichen Kapazitäten der Hochschulen besser auszunutzen, wird es unweigerlich zu der Frage kommen, welche Veranstaltungen auf welche Art und Weise durchgeführt werden sollten.

Da das Tutorium als Gespräch in einer mittelgroßen Gruppe (7–15 Personen) durchgeführt wird, ist ein Videokonferenztool prinzipiell gut geeignet. Da die Studierenden zum Zeitpunkt der Projekte im Curriculum recht weit fortgeschritten sind, stellt die Digi-Quette kein Problem mehr dar. Auch kennen sie sich untereinander gut genug, dass alle Teilnehmenden zu Wort kommen und Beiträge leisten. Die Intrinsische Motivation durch die eigene Wahl der Projekte spielt hierbei eine große Rolle.

Die Möglichkeit, Zwischenergebnisse einfach durch Teilen des Bildschirms zu präsentieren wurde erfahrungsgemäß sehr oft genutzt und ist sehr hilfreich. Jedoch ist es bei einigen Projekten, bedingt durch die Bandbreite der Übertragung, für die Lehrperson schwierig, die Ergebnisse richtig zu beurteilen. Bei Videoprojekten trifft das primär zu, aber auch Audiobeiträge sind auf diese Art und Weise schwierig zu beurteilen. Oftmals sind jedoch die Dateien so groß, dass sie recht umständlich über Cloud-Systeme mit langen Up- und Downloadzeiten ausgetauscht werden müssen. Deshalb ist hier ein Treffen in Präsenz, zum Beispiel in den professionell ausgestatteten Editing-Suites, vorzuziehen.

Auch die Evaluation mithilfe der modifizierten Disney-Methode ist in Präsenz sinnvoller, denn hier ist der Faktor Mensch nicht unwichtig. Die Erfahrung zeigt, dass solche Gespräche einfach produktiver sind, wenn sich alle in die Augen sehen können.

Die Tutorien in Projekten mit externen Partnerunternehmen können also durchaus als hybride Veranstaltungen aus Videokonferenzen und Präsenzlehre in der Hochschule durchgeführt werden. Hier muss individuell entschieden werden, wann eine Gruppe von einem Präsenztreffen profitiert, zum Beispiel bei Evaluationen oder größeren Feedbacksessions, die bestimmte Hardware voraussetzen.

Literatur

Dilts, R. B., et al. (1994). *Know how für Träumer – Strategien der Kreativität.* Junfermann.

Literatur

Eckert, M. (2021). *Online-Lehre mit System*. Springer Gabler.

Hartmann, M. et al. (2018). *Präsentieren* (10. Aufl.). Beltz.

Hartmann, M., et al. (2012). *Gekonnt moderieren* (4. Aufl.). Beltz.

Hey, B. (2018). *Präsentieren in Wissenschaft und Forschung* (2. Aufl.). Springer Gabler.

Hillebrandt, F. (2024). 10 ChatGPT-Alternativen für 2024, die teilweise besser sind, Beitrag vom 18.02.2024. www.blogmojo.de/chatgpt-alternative/. Zugegriffen am 19.02.2024.

Hillebrecht, S. (2002). *Seminare, Schulungen und Workshops professionell gestalten*. Redline Wirtschaft/moderne Industrie.

Hillebrecht, S. (2004). In drei Schritten zum Ziel – Tipps für die Planung erfolgreicher Sitzungen. *Gemeinde creativ*, Nr. 3-2004, S. 19–21.

Hillebrecht, S. (2021). *Kommunikation und Medien* (2. Aufl.). Duncker & Humblot.

Kusay-Merkle, U. (2018). *Agiles Projektmanagement im Berufsalltag*. Springer Gabler.

Meyerhoff, J., & Brühl, C. (2016). *Fachwissen lebendig vermitteln* (4. Aufl.). Springer Gabler.

© Der/die Herausgeber bzw. der/die Autor(en), exklusiv lizenziert an Springer Fachmedien Wiesbaden GmbH, ein Teil von Springer Nature 2025
S. Hillebrecht, J. Grillenbeck, *Tutorien und Seminare vorbereiten und moderieren*, https://doi.org/10.1007/978-3-658-46271-0

Oehlrich, M. (2022). *Wissenschaftliches Arbeiten und Schreiben* (3. Aufl.). Springer Gabler.

Peipe, S. (2020). *Crashkurs Projektmanagement* (8. Aufl.). Haufe.

Preußig, J. (2020). *Agiles Projektmanagement – Agilität und Scrum im klassischen Projektumfeld* (2. Aufl.). Haufe.

Reiter, M. (2012). *Studieren mit Erfolg: Perfekt präsentieren*. Schäffer-Poeschel.

Rossié, M. (2004). *Frei sprechen*. List.

Schäfer, M. (2020). *Lehren und Lernen mit digitalen Medien und Technologien*. Barbara Budrich.

Schlegel, G., & Tödtmann, C. (2005). *Business Behavior*. Redline Wirtschaft.

Schulenburg, N. (2017). *Exzellent präsentieren*. Springer Gabler.

Seifert, J. W. (1999). *Moderation & Kommunikation* (3. Aufl.). Gabal.

Seifert, J. W. (2011). *Visualisieren, Präsentieren, Moderieren* (6. Aufl.). Gabal.

Sikora, J. (2001). *Handbuch der Kreativmethoden*. KSI.

Tuckman, B. (1965). Developmental sequences in small groups. *Psychological Bulletin, 63*(6), 384–399.

Voss, R. (2022). *Wissenschaftliches Arbeiten* (8. Aufl.). UTB.

Weidenmann, B. (2015). *100 Tipps & Tricks für Pinnwand und Flipchart* (5. Aufl.). Beltz.

Weidenmann, B. (2011). *Erfolgreiche Kurse und Seminare* (8. Aufl.). Beltz.

Wolfangel, E. (2022). Das sprachgewaltige Plappermaul, Beitrag vom 16.12.2022. www.spektrum.de/news/maschinelles-lernen-chatgpt-wird-immer-plappern/2090727. Zugegriffen am 12.02.2024.

Wrede-Grischkat, R. (2001). *Manieren und Karriere* (4. Aufl.). FAZ/Gabler.

Ziagl. (2024). Microsoft Copilot – Ein Leitfaden für effektive Nutzung, Beitrag vom 05.04.2024. https://technology-blog.net/microsoft-copilot-ein-leitfaden-fuer-effektive-nutzung/. Zugegriffen am 25.06.2024.

The manufacturer's authorised representative in the EU is Springer
Nature Customer Service Centre GmbH, Europaplatz 3, 69115 Heidelberg,
Germany. If you have any concerns regarding our products, please
contact ProductSafety@springernature.com

Printed and bound by CPI Group (UK) Ltd, Croydon, CR0 4YY
28/04/2026
02098538-0003